本书由
北京第二外国语学院区域国别分类发展项目
支持出版

21世纪非洲国家共产党社会主义新探索新发展

石晓虎　著

New Socialism
Exploration and Development
of the African Communist Parties
in the 21st Century

当代世界出版社
THE CONTEMPORARY WORLD PRESS

前　言

　　社会主义在非洲并非新鲜事物。早在 20 世纪初，一些欧洲宗主国共产党及共产党人就将社会主义思想引向当时的部分非洲殖民地，同时一些非洲早期政治家或理论家也积极向苏联共产党或西欧的一些共产党取经，进而推动社会主义思想成为当时非洲大陆政治思潮的重要组成部分。二战结束后，非洲国家争取民族独立和国家解放的斗争与社会主义在非洲的发展在一定程度上同步推进，不少非洲国家在独立后选择各具特色的社会主义道路。这些社会主义思想或实践具有鲜明的"非洲社会主义"色彩，它既蕴含马克思列宁主义的一些思想，也包含独特的非洲文化传统和价值诉求。20 世纪 60 年代初，具有多种不同意识形态诉求的非洲政治领导人开始广泛使用"非洲社会主义"一词来描述各自的发展愿景和政策取向。当然，社会主义思想在非洲国家传播的力度不同、实践的差异较大，影响力也不尽一致，如提出乌贾马社会主义的坦桑尼亚领导人朱利叶斯·坎巴拉吉·尼雷尔认为，"传统上非洲人像家庭一样生活，个人基于土地的公共占有和彼此相互平等而相互支持、互相帮助"，因此"传统的非洲社会是社会主义社会"。

　　冷战开始后一段时间，"非洲社会主义"受到较多欢迎并在加纳、几内亚、塞内加尔和坦桑尼亚等部分国家付诸实践，产生一定的影响。

不过，践行"非洲社会主义"思想与政策的部分非洲国家执政党及其支持者并不强调自身是共产主义拥护者，甚至都不宣称自己是马克思主义者。同时社会主义实践在不少非洲国家因为各种内外因素也遭遇不同程度的挫折，进而被抛弃。对于风行一时的"非洲社会主义"，冷战期间不少政治家和学者进行了多角度的分析，认为社会主义对新独立国家具有不小的吸引力，其核心在于有利于促进国家统一、改善人民生活以及促进财富的公平分配等。当然，"非洲社会主义"推行的较为激进的政治、经济、社会等方面变革，也超过了当时非洲国家的现实所能承受的压力，给不少非洲国家带来冲击。苏东剧变沉重打击了世界社会主义，也给非洲大陆带来不小的思想和政治影响，加之来自西方的民主化压力及"历史终结论"等西方政治思潮的广泛传播，绝大多数非洲国家改行多党制并接受新自由主义；反共的思想在一些非洲国家甚嚣尘上，使得社会主义思想的传播以及共产党的成立或存在都成为难题。

冷战结束后，对于"非洲社会主义"成效，包括非洲国家学者在内的国际社会评价不一。有的认为"非洲社会主义"实践是失败的，甚至连部分引领"非洲社会主义"发展的政治家也选择承认社会主义在非洲的失败。如坦桑尼亚前总统尼雷尔在 1992 年指出，"变革势在必行，我们必须承认我们以前的错误并重新推进建设"。有的认为，"非洲社会主义"实践有其历史进步性但也受到非洲国家自身发展局限性的影响，因而功过参半。有的认为，社会主义实践虽然在部分非洲国家遇挫，但是也给不少非洲国家留下了丰厚的历史遗产，其中包括对民众民主思想的教育、对正义和公民权利的追求、对国家工业化和现代化的探索以及对独立自主外交的坚持。有的认为，"非洲社会主义"作为一种社会和政治哲学，符合非洲道德，具有合法性。还有的认为，非洲无疑曾经是世界社会主义中心之一，研究非洲历史上的社会主义有助于更好地把握和推进非洲发展。例如有的非洲理论家和学者认为，"非洲社会主义"是一代非洲人基于对资本主义的质疑，进而寻求符合本土经济的发展模式的探索。只是这种探索被放到了冷战背景下，这使得其遭遇更为复杂尖锐的国际环境，因而对上述探索的国际评价具有了更多变量。在新的时期，必须进行新的审视，进而客观认识"非洲社会主义"的历史贡献和作用。

值得注意的是，苏联的消亡既没有打垮非洲国家共产党、工人党等左翼进步政党对社会主义的坚持和追求，也没有熄灭社会主义在非洲的火种。在经历短暂的反思和评估后，非洲国家不少新老共产党把握国内外形势的发展，着力加强理论探索并开展政治行动，进而努力实现自身的发展。不少非洲国家共产党借助 2008 年国际金融危机带来的资本主义危机加深，以及一些非洲国家内部社会思想出现较大变化等时机，旗帜鲜明地批判资本主义缺陷并宣传社会主义的优势，进而全力争取工人阶级等的信任和支持。实事求是地看，不少非洲国家经历国内政治动荡及社会思潮变迁，对社会主义的认同有所增多，对共产党的支持有所增多，但是受西方多党制固有弊端及本国恶性政治竞争等影响，在选举政治博弈中，多数非洲国家共产党表现不尽如人意，乃至面临新的困境和挑战。从具体国别来看，绝大多数非洲国家共产党尽管取得了合法地位，但仍处于在野状态，其社会主义探索受政治地位等影响，既存在探索还不够深入的问题，也存在难以将思想观念转化为具体政策的困难，因而难以实现重大突破。从非洲不同区域来看，共产党、工人党在北部非洲国家发展总体较为全面，在南部非洲国家发展影响力较大，在东部非洲国家取得一定新发展，而在中部非洲及西部非洲国家则总体上面临数量稀少以及被严重边缘化等问题。如何深刻把握变化的国内社会结构、政治力量对比态势以及发展道路选择，争取建设更为有力的统一战线，成为不少非洲国家共产党面临的现实难题。

尽管当前非洲地区已没有社会主义国家，但是一部分原先的共产党在转型后依旧执掌本国政权，这使得部分国家的有关政策具有一定的社会主义色彩，进而有助于非洲部分民众继续感受社会主义政策的魅力。同时当前不少非洲国家理论界、学术界、媒体界人士对本国发展模式的反思也不断深入，其通过对比不同发展模式的优缺点以及本国面临的现实发展困境，更多倡导非洲本土探索。尤其是认同发展模式必须符合国情，而不能一味照搬照抄；认为只有找到最契合本国的发展模式，才有可能开启新的发展路径，并实现国家繁荣、人民幸福和人类发展；认为非洲国家的发展不能依赖外部世界的善良或热心，而只能依靠非洲国家自身的努力和紧密团结，进而谋求加强区域一体化并增进非洲内部的共同发展；强调对世界银行、国际货币基金组织等国际机构既要利用其积极的一面，也要反对其干涉本国发展、干扰本国政治。还有的非洲学者认为，当前要超越社会主义和资本主义争论，立足非洲实际，只要是符合非洲实际、有利于非洲的都可以借鉴，而不论其性质和来源，进而推动非洲的实质性发展。在此情况下，非洲国家共产党仍存在一定的发展可能性，即通过广泛的思想宣传以及组织动员，将经济、社会和政治变革诉求上升为全社会的主流诉求，进而推动社会主义在本国的不断发展。

总的来看，当前非洲不少国家仍存在共产党，有些国家还存在多个共产党，这些共产党虽然思想理念不一，但是大多坚持对社会主义的信念，努力通过自身的探索和发展来推动本国社会主义发展。这些国家的共产党尽管遭遇到不同内容或形式的内外挑战，但是仍坚持开展政治斗争，并努力通过左翼政治联盟等方式，不断扩大政治实力和社会影响力，进而为本国社会主义发展积蓄更大的实力和能量。看待21 世纪以来非洲国家共产党的社会主义新探索和新发展，不能局限于单一的视角，而要综合观察国际形势、地区发展以及具体国别的现实情况，并基于多方面视角才有可能洞悉非洲国家共产党的新发展、新挑战及其未来走向。

目　录

第一章 非洲国家共产党的发展脉络、理论挑战及其应对

纵观全球，非洲国家共产党在发展中国家共产党中总体力量相对弱小，尤其是意识形态传播力、价值影响力，以及政治竞争力相对不强。共产党尽管在北非地区"阿拉伯之春"之后在部分国家获得一些新发展，但仍难以有效改变地区政治现状，进而难以进一步提升思想理念传播力和组织动员能力。上述情况的出现不是偶然的，其中既有非洲国家内部因素的影响，也不乏外部因素乃至域外国家干预的成分。有鉴于此，不少非洲国家共产党努力把握世情国情党情的发展变化，努力应对时代难题，谋求探索新的发展思路并推动本国社会主义的新发展。

第一节 非洲国家共产党发展现状

多数非洲国家在刚独立时或冷战期间都有着不同的道路和路线选择，20 世纪 50 年代至 80 年代，共有 35 个非洲国家一度宣称实行社会主义。但苏东剧变后，非洲国家绝大多数或主动或被动实行多党制，导致地区国家共产党力量受到空前削弱并陷入长期的艰难恢复和发展阶段。

（一） 当前非洲国家共产党的分布与发展

当前，20 多个非洲国家以及法属留尼汪岛存在数十个共产党，它们大多数分布在北非、东非、西非及南部非洲国家，而中部非洲地区则鲜有共产党。上述政党在思想路线上并不一致，如部分主张科学社会主义，部分主张恩维尔·霍查和阿尔巴尼亚劳动党路线，部分主张托洛茨基主义等。除南非共产党党员人数从 1998 年的约 10 万名增至 2022 年 7 月的约 34 万名外，大多数非洲国家共产党不对外公布党员数量，但从它们的选举得票率来看，其党员和支持者数量并不多。

从党的自身建设来看，非洲国家共产党虽然大多囿于自身条件不足，但仍在艰难条件下积极运用现代信息技术和西方社交媒体平台来开展数字政党建设。尤其是自新冠疫情暴发后，不少非洲国家共产党发挥西方社交媒体及网络会议室作用，积极召开在线党员会议，开展教育、组织动员等工作，进而提高党的活动频率并增强党的向心力、凝聚力。建立在线的共产党电视台，邀请本党干部、党员和党外知名人士、支持者等参加，共同揭露新自由主义弊端；通过不定期举办的在线热点议题辩论，邀请党员、支持者及群众参加，以促进参与者对相关议题的认知。党的各级干部还通过田野小剧场等灵活宣传形式，揭露资本主义罪恶，从而达到对一些党员和民众进行思想教育的目的。尤其是一些青年党员通过说唱的方式，在城市、乡村地区开展政治教育，批判资本主义的剥削和压迫，起到了较好的社会政治效果。重视扩大党的社会代表性，加大对工人、农民等群体的工作力度，协助建立工会、农会并帮助其开展运作，还建立并加强党的青年联盟、妇女联盟等组织建设，夯实党的社会政治基础。针对单纯依靠党员经费难以保障党的基本运行这一情况，不少非洲国家共产党还创新筹款机制，通过党的网站及社交媒体账户捐赠等方式，来拓宽党的筹款渠道。

从政治地位来看，当前非洲国家共产党大多数属于合法注册政党，少数属于未注册成功政党或被解散的政党，个别由于本国禁止政党活动而处于非法状态。绝大多数属于在野政党，没有掌握议会席位以及地方或中央权力，仅有南非共产党等个别共产党获得议会席位及参政权。近 20 年来，非洲国家共产党选举得票率明显下降。如肯尼亚共产党的前身肯尼亚社会民主党在 1997 年取得了最好的选举成绩，该党总统候选人卡卢基·恩吉卢获得 7.9% 的选票，15 名议员候选人成功进入国民议会，但 2002 年之后该党选举成绩急剧下降，突出体现在丧失了全部 15 个国民议会席位。纳米比亚工人革命党曾于 2009 年至 2014 年以纳米比亚共产党名义活动，其中 2009 年以共产党名义参与选举但未有收获，在 2014 年大选中恢复工人革命党名称并获得 2 个国民议会席位，但在 2019 年大选中失去了全部国民议会席位。

（二）非洲国家共产党逐步加大政治斗争力度

冷战结束后，非洲国家共产党一度陷入"低声"境地，但是 2008 年国际金融危机对非洲国家深度影响的持续体现、2011 年"阿拉伯之春"后续效应的发展、美国挑起新的国际阵营之争等导致部分非洲国家陷入更大困境，同时非洲国家遭受新冠疫情的严重影响，经济社会问题普遍增多，内部社会思想复杂发展，这些都在客观上为非洲国家共产党开展新的政治斗争创造了一定的有利条件。

第一，地区部分国家共产党参与选举竞争的舆论影响力有所提升。针对经济低迷、收入下降、国有资源分配不公、社会贫富差距拉大、政治腐败等突出问题，不少非洲国家共产党积极利用新媒体和传统媒体谴责本国执政当局的低效或无能，尤其是借助竞选时机开展了较大的舆论攻势，以谋求更好的选举成绩。部分非洲国家共产党虽然不看好本国资产阶级性质的选举，但是也认为，如果不能在群众政治活跃时期体现自身存在和价值，就不仅不可能影响社会和撼动政治，而且还可能被视为抛弃了工人阶级和穷人，因而非常重视竞选时期的舆论斗争。部分非洲国家共产党在认定本国选举不公或特定参选政治力量危及国家发展情况下还选择抵制总统或议会选举，并抨击上述情形下的选举结果无效。同时一些非洲国家共产党即便抵制选举，也没有选择沉默或停止活动。埃及共产党政治局委员萨拉赫·萨尔维说，该党并未缺席埃及的政治生活，因为党的中央委员会会议和政治局都定期发表对政治局势的看法和评论，该党还参加了保护尼罗河水域人民阵线以及社会主义联盟等多个组织。萨尔维指出，该党依然存在，因为政治环境不合适，所以看起来存在不明显。上述舆论斗争对有关国家执政当局和领导人以及部分国家选举形成一定程度的牵制。

第二，地区部分国家共产党领导的街头斗争时有激化。由于绝大多数非洲国家共产党未能进入议会和政府，其日常斗争无法依靠议会舞台开展，只能侧重街头斗争，进而展现党的力量和影响。不少非洲国家共产党公开展示对资本主义制度以及本国政府执政的不满，并根据形势需要，持续发动示威、罢工、街头抗争等斗争，向政府施压。共产党的斗争诉求多样、斗争形式多元。一是有时发挥组织引导作用，积极动员组织党员及支持者围绕特定议题走上街头，显示不满并要求政府做出改变。如 2021 年 6 月底开始，斯威士兰全国范围内掀起声势浩大的反君主制抗议浪潮，遭到政府的强力打压，但斯威士兰共产党毫不退缩，按计划组织抗议游行，尤其是该党干部始终站在反抗最前沿，呼吁以民主共和国取代君主制国家。二是有时发挥协助作用，支持特定工会或社会运动，以形成更大的社会政治效果。部分非洲国家共产党鉴于自身力量局限性，也积极支持协作的社会组织与工会或其他进步社会组织开展政治罢工、抗议等运动，从而支持本国进步事业的发展并不断增加共产党的斗争经验，提升国内影响力。

第三，地区一些国家共产党重视利用法律渠道维权。如质疑选举结果并向法院提起诉讼、就有关国家政党注册机构阻碍共产党的登记提请法院裁决以及上诉法院要求政府释放违法逮捕的共产党员等。由此，这些共产党一方面展示了坚定的政治态度，另一方面也获得部分的胜利。

（三）重视广泛的左翼进步政党交流与合作

非洲国家共产党面对相对不利的国内外形势，非常重视加强双边交往、推动次区域和区域左翼交流以及拓展国际交流合作。从次区域来看，北非、东非、西非及南部非洲国家共产党基于地域和国情的相似性，往往重视与同一地区的共产党建立联系与交流，探讨斗争之道以及推动本国社会主义发展之策。非洲包括共产党在内的一些左翼力量还于 2008 年建立非洲左翼力量论坛，该组织原拟定每年召开一次会议，以促进分享思想和建立非洲马克思列宁主义政党的工人阶级意识，进而在非洲大陆建立一个可行的左翼、社会主义和共产主义力量。2002 年至 2013 年间，该组织活动较为频繁，召开多次会议，并围绕其关心的地区和域外议题多次发声，产生了一定的政治和宣传效果。2013 年之后该组织不再活跃，知名度和影响力有所下降。非洲国家共产党还重视拓展与区域外政党交往，其中既包括社会主义国家执政党，也包括发达国家共产党，还包括发展中国家共产党。肯尼亚共产党、南非共产党等九个非洲共产党加入革命组织和政党国际协调。南非共产党、阿尔及利亚民主与社会主义党长期参加共产党和工人党国际会议并发言，埃及共产党、苏丹共产党、马达加斯加独立大会党等不定期参加共产党和工人党国际会议，并围绕特定的议题发言。上述共产党大都积极批判资本主义的罪恶和无序，强调社会主义是未来走向并呼吁加强世界社会主义的内部交流与协作。

第二节　影响非洲国家共产党社会主义理论探索的突出因素

整体而言，当前非洲国家共产党大多面临不小的理论建设挑战，其核心原因在于全球形势、非洲地区形势、具体非洲国家形势以及世界社会主义运动内部等都发生较大的变化，这对非洲国家共产党把握形势以及借助内外资源和力量，推进社会主义理论探索和实践带来更为深刻复杂的影响。如何认识和看待上述新变化，直接关系到不少非洲国家共产党的处境。

（一）全球化与非洲一体化背景下的社会主义探索难度加大

今天的非洲国家与冷战时期的非洲国家有着很大的差异，其中包含两个方面的突出因素。其一，西方在冷战中后期就开始持续推动新自由主义全球化并在苏东剧变后逐步取得重大进展。这使得当前很多非洲国家治国理论与政策受到西方主导的国际组织以及美欧国家的极大影响。同时，非洲国家共产党也难以得到冷战时期的国际共产主义阵营支持，面临的外部压力显著上升、独自探索的难度加大。更为突出的是，冷战期间很多奉行"非洲社会主义"的国家推行国有化，但由于效率低下基本走向失败，这也使得国有化政策在不少非洲国家受到抨击，难以取得广泛的支持。对此，不少非洲国家共产党表达了极度的愤慨，斥责帝国主义加强对非洲国家的束缚和控制并剥削非洲劳工阶层利益，批评不少非洲国家资产阶级政党与政客为了保住自己的小集团利益而不惜向帝国主义妥协乃至牺牲本国利益，尤其是弱势群体利益。阿尔及利亚民主与社会主义党在 2019 年表示，"在本国资产阶级阵营内部尽管存在着激烈的斗争，但它们都获得帝国主义国家的支持"。其二，非洲国家的自主自强与地区一体化紧密结合，推动非洲地区社会政治生态发生很大的变化。非洲国家在地区层面建立了非洲联盟，在次区域层面建立东非共同体、东部和南部非洲共同市场、西非国家经济共同体、南部非洲发展共同体等区域性组织。不同层面一体化进程的推进，使得非洲各国均面临新的内外发展环境。一方面，新的形势刺激不少非洲国家探索新的发展道路，以应对日益复杂的外部环境并开拓新的发展局面。其中部分非洲国家共产党或社会主义力量因地制宜，着力探索符合本国国情的社会主义道路。另一方面，非洲地区组织、次区域组织一定程度上受到新自由主义的影响，其突出表现为，一些非洲地区组织和次区域组织不同程度介入部分非洲国家内部政治事务，乃至影响其内部政治进程。这在一定程度上对少数非洲国家共产党通过选举程序获得更高政治地位带来"看不见"的影响。

（二）从鲜明的"非洲社会主义"到部分回归马克思列宁主义效果不明显

不少非洲国家在独立时陆续选择社会主义，推动了社会主义和共产主义运动在非洲一度获得短暂较好发展。尤其是克瓦米·恩克鲁玛、列奥波尔德·塞达·桑戈尔、莫迪博·凯塔和尼雷尔等非洲国家知名政治家认为社会主义与非洲历史和传统具有很多相近性，还提出了各种基于本国国情的社会主义思想并加以实践，形成了独具特色的"非洲社会主义"，如乌贾马社会主义、自管社会主义等。尽管"非洲社会主义"在许多方面与欧洲或亚洲社会主义不同，但它本质上仍然是试图通过控制生产资料来解决社会和经济不平等。但随着"非洲社会主义"在实践中遭遇困境，一些"非洲社会主义"倡导者也逐步转变思想并探索新的出路。如恩克鲁玛认为，"非洲国家需要做的是回归更正统的体现马克思列宁主义的社会主义思想或科学社会主义"。受一些非洲国家内部形势变化及外部力量干预等多种因素影响，刚果（布）、埃塞俄比亚、莫桑比克等国在 20 世纪 70 年代推进建设科学社会主义，并引发当时非洲政党政治发生显著变化，但是这些非洲国家的科学社会主义尝试大多以失败告终。苏东剧变给非洲国家社会主义带来巨大影响，一些国家共产党改制或消亡，一些国家共产党主张回归传统底色并谋求按照马克思列宁主义的传统路线和政策来推进本国社会主义。后一种情况往往表现为部分非洲国家共产党坚决反对修正主义和机会主义，选择与帝国主义以及本国买办资产阶级进行正面的斗争。但是面对国家政权的暴力机器以及不公平的资产阶级选举竞争，多数非洲国家共产党难以效仿国外一些共产党的成功案例，甚至遭到一些特定政治力量的压制。尤其是自从 2011 年"阿拉伯之春"发生以来，北非部分国家持续发生内部剧变，传统的民族民主政党及其领导人被推翻，但是上述剧变往往缺乏意识形态支撑，而仅以推翻政府为要。这就使得北非不少国家的政局剧变被资产阶级以及军队所主导，工人阶级和农民的诉求依然无法得到实现。这些都激发了少数国家共产党的"不断革命"思想，并对新的资产阶级选举予以抵制，强烈要求改变旧的国家体制和倡导新的革命。突尼斯工人党领导人阿里·贾卢利 2022 年 10 月接受《人民快报》采访时表示："工人党在布尔吉巴和本·阿里时代就与暴政和独裁作斗争，并不遗余力地实现人民的愿望以及革命的要求。突尼斯人民基于对经济、社会和政治的要求以及提出的口号与愿望，开展了一场清晰的革命。我们希望保持革命精神并维护人民的诉求和权益。"

（三）斗争主体力量的虚化问题有所突出

一般而言，社会主义革命的本质是工人阶级通过集体的、自觉的斗争来实现自我解放。非洲国家共产党推动社会主义革命，核心也是要努力发动和组织工人阶级进行自主革命。但是冷战结束后，非洲国家社会结构持续变化，中产阶级虽然在一些国家有所发展，人数也不断增加，但仍难以改变非洲多数国家典型的"沙漏型"社会结构。尤其是不少非洲国家通过私有化、向部分黑人赋权等路径，造就了一批新兴富裕阶层。值得注意的是，由于非洲国家社会结构与西方差异较大，非洲国家的教师、医生、律师等专业人士作为一般中产阶级虽然工作较为体面，但是在私有制背景下也面临日益严峻的生活压力。其一方面出于生活需要会进行抗议和斗争，另一方面出于维护自身利益需要可能不赞同马克思列宁主义一些理论，也不愿进行阶级斗争。为了打压中产阶级的抗议，不少非洲国家政府选择暴力镇压或扶持类似工会和社会组织制衡的方式，以稀释教师、医生、律师等工会权利并降低其影响力。比如，2022 年尼日利亚大学教师工会因课程减少与机构私有化发起罢工，联邦政府在罢工持续进行以及造成数千名学生失学的情况下，有目的地注册了两个平行教育工会，目的是妨碍教师团结、分化教育工会。

社会主义斗争主体理论上是被压迫、被剥削最多的群体，但非洲大多数国家工人阶级目前尚未表现出引领和推动革命的能量。就单纯的工人阶级人数而言，各个非洲国家发展较不均衡，但总体数量稍有增长并呈现相对分散、组织性不强等特点。近些年来，非洲国家经济问题较为突出，物价上涨引发的社会矛盾层出不穷，社会抗争增多。虽然工人、农民、青年等对现状不满，谋求向政府施压，但他们较少谈及阶级问题，而且城市及乡村工人往往从属于中小型企业，其组织工作难度较大。这部分工人自觉性不强，斗争性也不够，因而部分非洲国家共产党虽然把握了民怨较大、社会抗议和斗争频繁发生的时机，但是难以有效地引领社会斗争并将斗争方向转移到摧毁资本主义以及推动本国社会主义发展。比如，在埃及 2011 年政局剧变中，虽然工人阶级公开反对私有化、要求增加工资及抵制腐败，但往往只有处于"不稳定"状态的工人而不是工人阶级整体参与激烈的政治斗争，起因是不少身处困境或面临失业风险的工人追求改变自身状况并参与罢工等活动，但不敢进行激烈的街头斗争，以免失去就业岗位。同时在工人数量相对较少的情况下，工人内部分裂以及工会相互斗争的情况较为突出，使得工人阶级难以发挥整体合力。因而，有部分非洲国家学者声称，"非洲的工人阶级要么沉默，要么被解除武装了"。如何客观看待非洲国家社会结构变化，如何激发非洲大陆工人阶级和工会的斗争热情以及普及社会主义思想，并围绕建设一个更加美好的世界而奋斗，成为部分非洲国家共产党重要而迫切的任务。

从发生"颜色革命"的一些北非国家来看，参与或推动政局剧变的主体在很多方面表现为小资产阶级或中产阶级乃至呈现一定的跨阶级、跨代际等特点。如突尼斯政局剧变的导火索是一个市场小贩的自焚，并以维护小资产阶级利益的社会和政治斗争而走向高潮，进而在国内外各种政治势力作用下，开启民主过渡进程。苏丹政局剧变前夕虽然工人阶级和中产阶级都面临较大的困境，但是相对于工人阶级，中产阶级受冲击更大，其成为推动苏丹政局剧变和斗争极为重要的力量。受各种内外因素影响，苏丹没有走向真正的民主过渡和权力分享，而作为政治力量之一的共产党虽然获得一定政治认可，但是并没有掌握权力核心。

（四）对统一战线的认知和实践

非洲国家共产党在资本主义体制下生存和发展，面临各类资产阶级政党的围堵，单靠自身力量无法有效参与政治竞争，需要根据工作任务来推进统一战线建设。就广泛意义来看，统一战线建设涉及两个方面的重大政治议题：一是统一战线的参与范围，即只有无产阶级力量参与，还是其他性质的社会、政治力量都可以参与；二是统一战线的领导权问题，即共产党是占据领导或牵头地位，还是仅仅发挥参与及协作的作用。对于非洲国家共产党而言，要不要参与左翼联盟或左翼统一战线，以及要不要组织跨阶级的人民阵线，都是极为重大的现实问题。这广泛涉及上述共产党的政治形势认知、发展理念、斗争理念以及斗争方向等突出问题。对于上述问题，如果处理不善就可能带来严重的政治问题，乃至冲击党的生存和发展。如在 2022 年选举前，肯尼亚共产党的主要领导人姆万达维罗·姆甘加和尼迪克特·瓦奇拉选择加入肯尼亚优先联盟，进而引发党内分裂。当年 9 月，肯尼亚共产党过渡委员会决定成立 14 人临时中央委员会并推选基努蒂亚·恩东乌、布克·奥莫里、塞夫·桑尼分任全国主席、副主席及秘书长。对于当时的党内分裂，肯尼亚共产党临时中央委员会专门刊文表示："党内危机不能简单地从共产党人的内部分裂或争吵层面来理解，相反，上述斗争反映了党内机会主义路线的出现以及马克思列宁主义者对这些路线和做法的反对。当'共产党人'团结在机会主义路线周围时，它对工人阶级还有什么价值？"

此外，西方国家也持续通过"颜色革命"或军事干预等方式，干扰北非国家阿拉伯社会主义，并意图推翻反西方的国家领导人或被西方抛弃的地区盟友。尤其是 2011 年"阿拉伯之春"发生后，北非国家具有一定民族主义色彩的阿拉伯社会主义式微，使得"社会主义"在北非地区遇到一些冲击，也不利于相关国家社会主义获得更好的舆论和社会环境。

第三节　当前一些非洲国家共产党的应对策略

面对复杂的国内外形势，不少非洲国家共产党积极思考应对之策，着力稳住阵脚并探索进一步发展之道。上述举措有些影响积极，有些仍处于探索之中，有些则遇到一定挑战。但不管结果如何，这些都显示非洲国家共产党秉持政治责任以及使命，为着各自政治理念和目标而努力奋进。

（一）探索社会主义替代，以纠正不合理、不公正国际体系对本国发展影响

非洲国家共产党大多反对西方主导的国际货币基金组织、世界银行等干预本国发展、诱压本国走新自由主义发展道路以及持续推动本国加快私有化进程。强调在全球化进程中，非洲国家总体上需要更多的保护和特殊关照，需要更好的左翼替代方案，以消除融入资本主义体系带来的发展模式危机，进而促进财富的生产和分配改革，强化国家在经济和社会等领域的功能，并推动国家的可持续发展。比如，苏丹共产党认识到，马克思主义不是僵化的，愿意以开放的心态探索本国发展道路，以促进完成本国民族民主革命的阶段性任务，进而为本国进入社会主义创造更好的条件。少数非洲国家共产党不再特别强调道路之争，而突出强调社会主义价值，谋求通过新的政策来体现社会主义价值，以满足广大人民群众的发展期待。如在赞比亚 2021 年总统大选中，该国社会主义党努力成为执政党爱国阵线和反对党国家发展联合党之外的第三种选择，决心扭转自 1991 年引入新自由主义改革以来所经历的去工业化进程，承诺一项为期十年的人民基础设施发展计划。当然，也有部分非洲国家共产党谋求推进国有化，进而解决资本主义发展问题。比如，肯尼亚共产党强调，一旦掌握政权，将把财政盈余投入到政府掌握的轻重工业，并向政府拥有的轻重工业加大投资，这意味着将促进本地制造、本地就业以及增加国家收入，而不是单纯依赖出口原材料以支持其他国家的工业化进程。通过上述政策，肯尼亚共产党若掌握政权，不仅解决国内长期存在的纺织品和食品短缺问题，而且将通过工业化增加就业，刺激农村发展。

（二）把握本国革命阶段，提出相应理念与政策诉求

早在冷战期间，不少非洲国家民族主义政治力量认为，反殖民主义和反种族隔离的斗争要在社会主义革命之前进行，因而推进民族民主革命对非洲国家共产党向社会主义迈进至关重要。不少非洲国家在冷战期间经历过国家独立、革命高潮以及社会主义实践等重大事件，后来尽管社会主义探索失败了，但是也积累了一定的经验教训。如何科学认识非洲大陆及本国的社会主义探索、科学界定当前本国的社会主义革命阶段以及制定相应的政策，关系到当前不少非洲国家共产党的生命力和竞争力。比如，埃及共产党在争取国家独立和反对西方殖民统治中发挥过重要作用，后在一度被禁后出现部分党员加入阿拉伯社会主义联盟的情况，但是仍有部分共产党人选择继续开展社会主义斗争并于 1975 年重新成立共产党。尽管该党长期面临不利的政治环境，但是始终没有停止社会主义斗争。在 2011 年埃及政治危机爆发后，埃及共产党很快宣布公开活动并提出激烈的革命斗争要求。尤其是 2013 年 11 月该党表示："需要适应形势发展变化，再次提出民族民主革命问题。""要加大批评资产阶级民主的局限性，这为创新社会参与民主打开大门。"南非共产党早在冷战期间就提出民族民主革命议题，并科学认识民族民主革命与社会主义的相互联系与差异。2007年，该党在十二大上明确提出，"要推进社会主义导向的民族民主革

命，为建设社会主义奠定坚实基础，积蓄能力、动力"。在 2012 年，该党提出要进入"民族民主革命的第二个激进阶段"，强调这一阶段与第一个阶段不同，并努力在各条战线上加以推进，以推动和捍卫革命。同时强调，第二阶段民族民主革命与新自由主义不相容，要求在理论上和实践上谴责新自由主义，并在公共政策领域加以改革，以应对高失业率、贫困、不平等和相关的社会再生产危机。

（三）把握革命的参与性特点，侧重从整体上抓住工人阶级

在冷战结束后，非洲社会已经发生深刻变化，单纯从矛盾的角度难以充分理解非洲阶级结构和政治竞争的变化。不少非洲国家共产党面临社会结构的变化以及反资本主义进步力量的内部构成变化，仍强调自下而上的革命并把工作重点放在理论上最具有革命斗争精神的工人阶级身上。原因是小资产阶级、中产阶级具有明显的革命不彻底性，其为了自身利益，往往谋求改良而不是根本性变革。同时革命斗争的推进也在一定程度上教育和锻炼了广大工人阶级，促进他们更好地认知本国社会政治状况以及加深对改变自身处境的思考。一些非洲国家共产党正在积极思考推动工人、学生、青年等作为工人阶级的一部分而不是广泛意义上社会运动的一部分来参加社会政治斗争。毕竟任何性质的资产阶级民主改革都无法从根本上改变工人阶级受剥削以及被压迫的状况，受冲击的工人、穷人等必将会从政治角度思考改变国家政治体制的问题。如苏丹共产党早在 2013 年就决定以不同形式组织大众，包括在工作场所、居民区及院校机构等建立抵抗委员会，进而在不同社会层面构建组织网络中发挥基础性作用。工作场所以及院校的共产党人、民主派、爱国者在吸引专业律师、教师、工程师、医生等加入反对派中发挥了重要作用。还有一些非洲国家共产党在积极探索推动广大选民基于自身的阶级属性而不是部族属性和宗教情感来决定选举投票倾向，从而真正体现出工人阶级和穷人占选民多数的优势，促进无产阶级政党改变选举竞争显著落后的局面。尽管上述努力在很

多国家因受多方面因素影响而难以实现，但相关呼吁也在一定程度上提醒社会各阶层必须重视选举部族化和宗教化的危害。

（四）科学务实看待统一战线建设，最大限度地推动本国社会主义发展

一些非洲国家共产党认识到统一战线的重要性，并努力推动统一战线建设，尤其是将政治结盟与"新的社会政治行动者"结合起来，从而努力构建广泛的统一战线。从实际情况来看，不少非洲国家共产党对大范围的左翼统一战线或人民阵线保持相对清醒的认识，一方面抓住国家面临的突出问题，把握时机用好外部资源和力量，努力实现自身新的发展；另一方面努力应对加入大联盟合作可能带来的社会政治风险和挑战，乃至及时脱离大左翼联盟或跨阶级联盟。在这个方面南非共产党认知较深，政策表态也较为清晰。如 2017 年南非共产党十四大强调："南非共产党在肯定自身属于工人阶级的同时，也准备与更广泛的其他进步主义者接触，以捍卫民主和革命。""尽管三方执政联盟仍然具有战略意义，但它的运作方式显然已经过时了。如果联盟的运作方式不改变，联盟将不可避免地解体，并造成严重后果。""民族民主革命属于所有人，其中包括联盟成员以及人民。革命太重要了，不可能只让联盟一方、少数人或一个派系承担。革命必须通过国家来推进，其中包括立法、政策、规范和计划，并以联盟集体责任的方式推进。"针对本国经济转型中出现的问题，南非共产党时任总书记布莱德·恩齐曼迪表示，该党"呼吁实现尽可能广泛的工人阶级团结以及建立'爱国和左翼人民阵线'来挑战大企业与寡头，扭转它们在国家机器中的影响力，并使南非走上更深层次的经济、社会和绿色转型之路"。为响应突尼斯政局形势的发展，2012 年突尼斯左翼政治力量组建了人民阵线，其中突尼斯共产党以及民主爱国人士统一党起到两大支柱作用。其目的是加快革命进程，以及制定一个最低限度的、民族的、民主的社会主义纲领。突尼斯人民阵线的建立并不容易，需要秉持革命精神，克服分歧。在 2019 年 9 月突尼斯大选中，人民阵线还提名自己的总统候选人，但受到多方掣肘。此外，2012 年 9 月，埃及共产党等十个左翼政党和运动组成民主革命联盟，这是埃及历史上第一个左翼联盟，着力捍卫政局变化形势以及维护国家世俗性质。

第四节　总结

在全球各地区共产党中，非洲国家共产党面临的内外环境异常复杂，生存和发展难度较大。一段时间以来，非洲国家内部思想发展与外部思想输入的交流交锋持续演进，极大地冲击着相关国家内部思想认识和思想斗争。对此，部分非洲国家共产党寻求探索马克思主义本土化，部分非洲国家共产党注意避免以往的"非洲社会主义"缺陷，还有部分非洲国家共产党寻求回归马克思列宁主义，以适应本国形势的发展并提高政治竞争力。可以说，科学认识世情国情党情以及探索社会主义道路，对非洲国家共产党而言重要且迫切。其核心是破解一些关系社会主义发展的关键议题，如革命的理论、阶段、参与主体以及统一战线建设等。目前来看，不少非洲国家共产党已经认识到相关问题，并实施了不同内容的应对策略。总体来看，有的非洲国家共产党应对较为得力，总体维持住或发展了自身力量；有的非洲国家共产党应对较为乏力，难以对抗资产阶级、宗教等政治力量，甚至被边缘化。

非洲国家共产党当前面临的问题不乏地区性和全球性因素，反映了发展中国家共产党遭遇到的一些普遍问题，也凸显了部分非洲国家共产党的特殊性难题。应对上述问题需要学习借鉴世界共产党的一些最新经验和做法，也需要非洲国家共产党加强自我反思乃至自我革命，从深层次挖掘自身面临的问题并全力破解。部分非洲国家共产党重视地区和国际交流合作，谋求借助地区和国际力量，来推动本国社会主义事业的发展。上述做法有其合理性，但是往往只能显示为一种国际态度和立场，而难以实现实实在在的发展。

鉴于非洲国家发展现状以及内部社会结构的变化，非洲国家未来可能面临更多的发展困境和社会政治冲击。未来不排除一些非洲国家内部问题更加突出，乃至引发新的政治对抗浪潮。这些都可能影响到上述国家的社会思想以及政治生态，进而为上述国家共产党及其他进步力量带来新的发展契机。

第二章 1994年以来南非共产党社会主义探索与左翼政治合作

南非共产党作为百年大党老党，经历了不同历史时期的社会主义探索和政治斗争，牢固树立了本国社会主义事业引领者、推动者的角色。其从1994年新南非成立以来，尤其是21世纪以来，通过自身的社会主义意识形态影响和塑造南非，并推动了国家的持续发展。在此过程中，南非共产党也借助不断调整的左翼政治合作战略和策略，推动左翼的团结与合作，推动南非非洲人国民大会（以下简称"非国大"）政府在施政方面朝着维护广大劳动人民，尤其是工人阶级、失业人口、边缘群体等利益的方向发展。可以说，南非共产党的社会主义探索与左翼政治合作相辅相成，促进了彼此的联动发展，南非共产党也借此实现了良性发展。

第一节 南非共产党1994年以来的发展历程

南非共产党成立于1921年，主要由激进的白人工人和社会主义者创立。该党的成立标志着南非劳工政治发生重大变化，因为在此之前南非有组织的劳工运动主要由白人工人组成。20世纪20年代，该党着重围绕工人利益以及民族解放等问题组织工人活动，并吸纳了大量黑人成员。在此期间，南非共产党与非国大逐步建立和加强彼此关系。当然，在指导思想和工作方式上，两党也存在不少分歧，还出现了一些龃龉。尽管有一些分歧，两党还是在相互磨合中不断深化合作关系。20 世纪 40 年代，南非共产党与南非工人组织一起组织罢工活动，以切实维护工人权益。彼时很多南非工人运动领导者既是工会领导也是共产党员，非国大则借助共产党人的基层工作体系扎根基层，努力争取广大民众支持。

1950 年年初，南非种族隔离政府拟通过镇压共产主义法，引发南非共产党、非国大等强烈反对，但南非种族隔离政府仍坚持通过相关反共法律，迫使南非共产党主动宣布解散。为在新的形势下继续推进共产主义运动，1953 年年初南非共产党召开了一次全国会议，宣布将党改名（中文名仍是南非共产党，只是英文表述稍有调整），强调该党坚持马克思列宁主义，将作为地下组织开展工作，以此继续扛起共产主义旗帜并把合法的群众工作与建设马克思列宁主义政党的"非法"工作结合起来。从 20 世纪 60 年代开始，南非共产党与非国大部分党员决定联合开展武装斗争，很多共产党人还担任总参谋部和野战部队的指挥官。非国大很多党员干部在内部培训和教育工作中，则使用一些共产主义概念和判断，这对非国大党员以及南非群众起到了长期的思想塑造作用。尽管南非共产党和非国大的联合武装斗争取得了一些成就，但双方合作并非一帆风顺，而且武装斗争也导致南非共产党诸多领导人和党员被捕或被监禁。1969 年，南非共产党与非国大通过正式会谈，进一步明确彼此合作关系，这推动了双方立场日益接近、彼此合作更加深入。同时随着国际形势的发展演变以及南非内部政治形势的深刻变化，南非共产党对国家发展规划也作出诸多设想，如该党总书记乔·斯洛沃在 1988 年撰写的《南非工人阶级与民族民主革命》一文中指出，"我们不应该谈论我们的最终社会主义目标，工人阶级不应该坚持将激进的社会政策作为当前议程的一部分，因为这可能会吓跑反对种族隔离的潜在盟友"。由此，南非共产党认识到除非进行全面革命，否则实现工人阶级主导国家发展的最佳路径只能是议会程序和选举，通往社会主义的最短途径也是建立民主国家。在南非种族隔离政府 1990 年解除对南非共产党和非国大的禁令后，上述两党宣布参加政治谈判并放弃武装斗争。上述谈判的目的是建立更加民主的南非，并推动建立一个混合经济体系。

　　1994 年新南非成立后，南非共产党与非国大、南非工会大会长期组成三方执政联盟联合执政，大批共产党员进入政府并担任重要职务。在 1995 年第九次党代会上，南非共产党确定了民族民主革命是党和整个民族解放运动面临的最重要任务。在参与联合执政后，南非共产党党员不仅参与政策制定、国家管理，而且也努力塑造和影响非国大，推动其在公共就业、再工业化、发展对外关系等方面作出更好的决策。该党坚持马克思主义立场和社会主义特性，强调参与性民主而不是形式民主以及赋权和问责制对社会主义至关重要，并注意维持自身的独立性。随着三方联合政府执政的持续推进，南非共产党在政府、议会以及社会运动等领域的角色也在不断转变。这种转变显著体现在对非国大政府政策及对待非国大领导人的态度上，尤其是对于非国大的正确决策予以肯定、对于非国大引发消极影响的政策则予以批评并要求非国大加以改正，由此不断体现了南非共产党的宗旨和原则。2021 年南非共产党隆重庆祝 100 周年华诞，回顾了过去 100 年的斗争历程和成就，同时对下一个百年的奋斗作出战略规划和部署。为了适应新形势、新任务，南非共产党还重新梳理和丰富其纲领主张，并进一步明确社会主义发展方向。

　　此外，随着南非共产党执政联盟成员地位的稳固以及自身政治实力的增强，该党党建工作更加有力，党代会日益机制化，尤其是 1998 年以来持续召开十大、十一大、十二大、十三大、十四大和十五大以及四次特别党代会。该党十五大进一步强调要将党建设成为南非工人阶级的先锋队，并通过持续的党建工作，加强党的政治、思想和组织等建设，实现党员队伍的高质量发展，着力发出党的独立声音，进而将党建设成为一个为工人阶级和穷人争取社会主义的政党。目前该党党员人数约为 34 万，在全国各地均建立党组织。在非国大施政面临一定困难、内部分歧加剧的情况下，南非共产党受到非国大的更多重视，因而在南非政党政治中的作用也有所增强。

第二节　南非共产党 1994 年以来的重要社会主义探索

苏东剧变给世界社会主义运动带来巨大冲击，但是并未明显影响到南非共产党的发展。南非共产党一方面通过反思苏东剧变来总结冷战期间世界社会主义运动的经验教训，另一方面着力探索符合本国国情的社会主义发展之路。这突出体现在 2019 年的南非共产党党章修订上，该党明确要努力成为工人阶级的主要政治力量，在推动、深化和捍卫民族民主革命和实现社会主义的斗争中，确保南非工人阶级的利益得到实现；在与其他政党的意识形态竞争中，将努力以民主方式取胜并被认同为工人阶级的先锋队；最终推动建立一个消除一切剥削形式的共产主义社会，促进所有产品按需分配。在实现上述社会的过程中，南非必然需要一个社会主义过渡阶段。正是有了正确的思想指导，南非共产党才能在社会主义探索道路上不断取得新进展。

1994 年新南非成立以来，南非共产党对社会主义的认知和探索无疑是渐进的，以国际形势演变以及本国发展状况为重要参考，进而不断完善对不同发展模式的认知以及对社会主义的新认识。1995 年，南非共产党深入把握社会主义的本质，评估本国正在进行的民族民主革命以及建设社会主义的能力、动力和要素，指出"社会主义是未来——现在就建设它！"南非共产党强调，民族民主革命与社会主义不是一个可以快速实现的目标，而是需要进行持久的斗争。该党指出，东欧一些前社会主义国家实行的结构性改革不是"灵丹妙药"，其将所有权私人占有转移到国家所有，容易形成一种官僚社会主义且并不符合那些创造国家财富的人的利益。为此，南非共产党需要深入研究，进而让工人更多地参与决策过程，同时推动混合经济越来越体现社会主义方向。当然，南非共产党也强调，社会主义不是赢得选举就可以自然实现的简单斗争。

1998年南非共产党十大明确，党正处于捍卫、推进和深化民族民主革命的阶段，这一阶段与社会主义巩固有着密切的联系，且两者之间不存在缝隙。民族民主革命是通向社会主义的最直接路径。社会主义价值观、社会主义分析和社会主义组织不仅对未来至关重要，而且对当前的斗争成功也至关重要。社会主义是资本主义（及其他基于阶级压迫和阶级剥削的制度）与完全无阶级的共产主义社会之间的过渡性社会制度。社会主义过渡可能持续很长时间，其中可能有矛盾、停滞和重大逆转。社会主义关乎平等，南非共产党寻求消除收入、财富、权力和机会等方面的巨大差异。社会主义增加了而不是减少了大多数人的个人和集体选择。社会主义是实现彻底民主、实质平等和广泛自由的必要条件。过去南非共产党倾向于将社会主义视为国有化加上国家计划。经济社会化则是一个更广泛、更丰富的概念，它将重点从单纯的集中转移到所有权的法律形式，以强调劳动人民的真正赋权。1999年南非共产党战略会议通过《关于经济社会化的决议》，认为在民族民主革命阶段，加强公共部门和公共实体建设将为社会主义奠定更为坚实的基础，强调国家应该为教育、卫生、饮用水、市政、中央银行、发展融资、大部分公共交通和通信基础设施等提供优先服务，从而实现基本公共服务的非商品化供应。

2002年南非共产党十一大通过关于经济社会转型的决议，核心是发挥国家作用。该党认为南非社会贫富差距日益扩大，穷人只能依靠国家提供的基本公共服务，而官僚化则导致了对穷人的公共服务供给不足以及公职人员的腐败倾向。该党要求停止导致基本服务私有化以及裁员的国家结构调整，由国家向工人阶级和穷人提供诸如卫生、住房、教育等基本服务；明确国家要确保所有国有企业有责任为工人阶级和穷人提供基本服务；强调国家要完善工作规划以确保公务员以民为本；要求基本公共服务聚焦服务妇女儿童；呼吁认真考虑引入基本收入补助金；强调国家和人民在发展集体所有制和提供服务方面建立伙伴关系等。

2007年南非共产党十二大继续关注国家在领导经济发展中的作用，倡导推动发展型国家建设。该党认为，建设发展型国家需要重视发展意识、结构调整和群众支持，并基于民族民主革命理论和实践加以推进。该党强调，为了推进建立工人阶级政权的议程，需要建设一个积极的民主发展型国家。要求重构发展新意识，以支持《国家发展报告》确立的目标，包括转变两性关系并增强妇女参与经济和社会事务的能力。强调为了建设发展型国家应有能力基于发展需要强制使用或征用生产资料。为推动国家在各个方面的转型，要确保所有国家机构都支持、推动和实施发展愿景。2009年南非共产党召开特别党代会，谋求推动实施国家主导、工人驱动的产业政策；确保宏观经济政策与党的战略发展优先事项保持一致；积极推动农村发展，并将其作为革命的关键支柱。会议还对一些人质疑南非共产党的社会主义建设前景做出回应，强调社会主义取代资本主义是历史必然而且也是常识。

2012年南非共产党十三大深刻探讨资本主义危机，认为资本主义危机凸显了社会主义取代资本主义的必要性。该党认为，尽管南非民族民主革命在过去18年实现了重大变革，但是仍未改变特殊殖民主义遗产带来的种族化再现和性别不平等、贫困以及失业等三重危机。为了保护民主成果，需要南非共产党与其盟友一道，在工人阶级领导下彻底推进民族民主革命。该党还通过了重要的政策和组织决议，以指导革命行动并推进名为"南非社会主义道路"的纲领。

2015年南非共产党特别党代会认为，不断变化的全球、地区和国家现实，凸显了反帝国主义、反垄断资本斗争的战略道路的正确性。会议强调，民族民主革命战略必须是激进的，因为它将从根本上改变南非政治经济的系统性特征。这需要建立并巩固属于国家和人民的权力，促进南非和南非人民的命运与帝国主义体系脱钩。毕竟资本主义市场越来越无法实现粮食安全、医疗保健、体面住房、安全和无障碍流动等基本权利，只有为实现社会主义因素而斗争，才能不断向前迈进。

2017年南非共产党十四大深入研究推动民族民主革命的持续发展策略，认为1994年的南非民主突破废除了几个世纪的白人统治，这是民族民主革命的第一个激进阶段。会议指出，1994年以来，南非共产党一直在推动新的运动，这是第二个激进革命阶段，属于为深化民族民主革命而进行的斗争。如果不继续不间断地推动第二次变革，那么第一阶段取得的成果将受到威胁。必须坚定地推动转型干预，从而使得该党的主要战略对手——私人垄断资本趋向失衡。必须加强工人阶级和社会大众的权力，以推动民族民主革命的深入发展。这要求加强社会主义先锋党和广泛意义上的全国民主运动，由此来捍卫、推动和加深民族民主革命。

2019年以来，南非共产党更加关注新技术革命和新经济，尤其是2019年南非共产党特别党代会给予第四次工业革命高度重视。会议指出，数字技术进步对全球经济和世界发展带来重大影响。但是在当前资本主义和帝国主义深刻演变背景下，这些新变化更有可能扩大不平等并对工人产生消极影响。2020年南非共产党发布《迈向经济战略的视角》，分析新自由主义变体和非洲主义变体之间的关系。文件认为，要以新的方式处理国内公共资本和私人资本的关系。部分主导的非洲新自由主义导致了对调动、引导、管制国内资本资源（基于预算、半国营、国内资本和国内储蓄）的忽视。当前是以新的方式处理国内资本和私人资本关系的时候，对资本所有权或控制权的"爱国主义"色彩需要进行评估，主要不是看他们的肤色，而是看他们创造就业机会的能力和意愿，扶持资产阶级黑人阶层的理由（如果有的话）必须基于以上考虑。

2022年南非共产党十五大明确反对新自由主义改革。会议指出，对于南非政府在过去26年里实施的增长、就业和再分配计划的新自由主义经济政策，南非共产党和其他激进的工人组织一致呼吁改革宏观经济框架，谋求推动彻底的结构转型。该党同意政府宣布的经济重建和恢复计划，进而建立和发展一个新经济。但这需要推动广泛和彻底的结构改革，转向具有更高附加值的工业化。这并不意味着仅仅发展狭义上的制造业，还包括促进矿物选矿而不是将矿物作为"泥土"出口以及发展智慧农业等。非洲大陆自由贸易区不仅事关贸易事务，还必须转向"发展一体化"和实现新的区域价值，从而推动南非乃至整个非洲大陆都有机会实现更广泛的工业化。

第三节　南非共产党 1994 年以来的主要左翼政治合作战略

自 1994 年新南非成立以来，南非共产党在南非政党政治中发挥了极为重要的作用。其核心是通过与非国大、南非工会大会组成三方联盟，参与非国大领导的政府。在三方联盟合作中，该党注意维护联盟团结，维持联盟的执政地位；同时也注意发展更为广泛的左翼阵线，尽最大努力动员工人阶级，目的是争取广大人民群众为实现社会主义而奋斗。在大的左翼政治合作框架下，南非共产党既坚持合作的原则性，也坚持合作的灵活性，努力借助左翼政治合作平台，不断壮大自身力量并为推动南非进入社会主义奠定更为扎实的政治基础。

（一）　三方联盟政治合作在发展中不断演变

1994 年以来，南非共产党强调，作为社会主义力量，该党需要与非共产主义同志合作，以推动建设一个强大的非国大并强化非国大的领导作用。但是由于非国大内部问题的日积月累、南非经济社会难题的持续增多以及南非工人阶级的不满加重，南非共产党对三方联盟的认知以及本党政治发展的规划发生了变化，使得南非共产党对三方联盟的态度也在发生微妙变化。

1998 年南非共产党十大重申对三方联盟的坚定承诺，认为这不仅仅是一个历史继承问题，更是一个重要的战略问题。过去几十年的经验表明，三方联盟并非基于三方领导人之间的宣言和会议而形成和发展的，而是建立在统一行动纲领基础上。因而，该党需要与联盟其他成员一道讨论、制定和实施发展规划。同时，南非共产党也表明，对三方联盟的坚定承诺并不表明该党将放弃自己的共产主义组织、政策和计划。相反，强大的南非共产党是构建强大的非国大和南非工会大会的基础。

2002 年南非共产党十一大再次重申该党对三方联盟的长期战略承诺，并积极推动建立一个更为广泛、基于群众共识的非国大，从而促进工人阶级在民族民主革命中的领导作用。该党指出，南非虽然在民主政治上取得了一些进步，但是仍未能走出一条有利于劳动人民和穷人的道路。该党所处的环境带来新的可能性，也带来新的挑战，其中包括在社会运动中出现的新的阶级阶层等。三方联盟内部出现的一些问题在于国家政策以及联盟内部治理，有必要为联盟发展创造更多空间，包括进行自我批评和建设性批评。南非共产党决定制定明确的战略和方案，以提高该党在联盟内部和更广泛社会中的独立形象，尤其是推动赋予民族民主革命更多社会主义内容，包括消除贫困、解决失业、发展和扩大公共部门、提供免费基本公共服务、推动土地改革以及建立社会主义合作社运动等。

2005 年南非共产党特别党代会指出，三方联盟在地方选举中获得压倒性胜利是持续巩固民主和推动地方转型及发展的必要条件，该党将全力支持非国大竞选活动。为此，该党将与联盟伙伴积极接触，以确保选举政策宣誓和地方治理方案促进解决工人和穷人的关切，尤其是涉及就业和基本服务等领域的工作。南非共产党将评估该党地方各级和国家级民选代表的表现，强调共产党民选代表要在非国大的广泛授权下任职，但也不能忘记其共产党员的属性，他们必须在任何场合都要捍卫南非共产党及其立场。南非共产党还成立一个专门委员会，评估建设一个有能力、有行动和有影响的政党中期愿景所面临的机遇和挑战，特别强调该委员会需要征求有组织的工人阶级、零散工人和穷人的意见，并允许联盟合作伙伴和其他进步社会组织参与讨论。

南非共产党 2009 年特别党代会深入分析该党和三方联盟取得的进展以及面临的挑战。该党特别指出，在更广泛的运动中，出现了一些细微而又嘈杂的反共及沙文主义信号。三方联盟承诺将上述趋势扼杀在萌芽状态，以打击派别主义和推进有原则的行动纲领，并保证不会被不恰当地转移注意力。该党还强调，将捍卫共产主义的基本原则，促进团结、国际主义和反对沙文主义，确保该党担当广泛的革命运动中心力量并成为一支纪律严明的团结力量。2015 年南非共产党特别党代会进一步强调，该党正在推动工人阶级团结，同时呼吁在行动中推动社区团结以及重建一个强大的妇女和公民运动。为此，该党呼吁非国大领导的三方联盟以及广泛的进步运动团结起来，以此为工人阶级团结和社区团结作出突出贡献。当然团结必须是行动中的团结，而行动必须以战略上连贯的行动纲领为基础，这与南非民族民主革命的第二个激进阶段密切相关。

2017 年南非共产党十四大强调，该党是非国大领导的执政联盟中最统一和最稳定的组织。该党致力于巩固和加强与非国大的联盟关系，但联盟需要进行重大重组，非国大是否有能力领导自己的更新进程以及是否能够再次发挥团结自己和联盟的关键作用仍然不确定。

2022 年南非共产党在南非共产主义青年团成立百年之际表示，三方联盟需要重组，以加强其战略性并强化其影响。尽管相关工作正在展开，但不能把所有期望都寄托在可能的有利结果上。重组既关系到联盟的组织形式，也关系到联盟的本质。就本质而言，联盟重组尤其需要重新聚焦联盟的革命内容和共同战略，即民族民主革命本身，这与新自由主义是不相容的。

（二）建立一个强大的工人和穷人社会主义运动

1994 年以来，南非共产党作为三方联盟成员参与执政，但是该党从未忘记自身作为共产主义政党的使命和任务，不仅长期重视自身独立性，而且在维护三方联盟的同时，持续推进左翼社会运动。这是因为1994年以来，南非社会发生了复杂深刻的变化，尤其是在经济发展、国家面临持续改变的同时，社会结构也持续变化，这使得南非贫富差距问题呈现新的特点，其突出体现在乡镇人口和农村人口的极端贫困现象增多以及黑人中产阶级相对扩大、百万富翁阶层不断壮大，进而导致社会不平等加剧。面对新的形势，南非共产党认识到，需要重视上述社会变化，进而体现变化的社会多样化诉求并凝聚社会广泛共识，以体现南非共产党的独特政治作用和影响力。

　　近30年来，南非共产党及其主要领导人在多个场合都围绕构建左翼人民阵线进行了深入的阐述。其目的是争取更广泛的左翼复兴，并不断扩大支持者队伍。2006年南非共产党总书记恩齐曼迪指出："工人阶级与无地的农村穷人结盟是革命的主要动力，这无疑会在进步的妇女运动中找到强烈的共鸣。维护工人阶级的领导地位不是通过决议或董事会式的讨论来实现的，而是通过具体的斗争来实现的。只有将工人阶级的利益置于进步妇女运动的中心，妇女团结才可能实现。这并不意味着忽视职业和其他中产阶级妇女的利益，但这些都必须服从工人阶级妇女的领导。"2017年南非共产党十四大呼吁组建最广泛的爱国阵线，以反对掠夺公共资源并捍卫南非的民主和法治，并指出尽管南非在以上方面取得了重要的进展但仍有许多工作要做。南非共产党将继续在巩固工人阶级和进步力量的左翼人民阵线方面发挥主导作用，以推进、深化和捍卫民主及国家主权。党中央将制定一份路线图，为巩固人民阵线提供时间表，其中包括与联盟伙伴以及广泛的工人和进步组织积极接触，并在国家、省和地方等多个层面的参与过程中形成一个共同平台。南非共产党中央委员亚历克斯·马斯洛还提出："左翼人民阵线是未来参选的可能模式，这将为群众和工人的未来斗争提供路径；目前是左翼人民阵线发展的大好机会，南非共产党需要用好当前的有利时机。"

2022 年南非共产党十五大指出，过去 25 年该党重点寻求在联盟内部建立工人阶级的主导地位。在推进上述工作的同时，还要建立一个强大的工人阶级和穷人社会主义运动，今后这应该成为南非共产党的重点工作。南非共产党将坚持捍卫无产阶级利益，实施推翻新自由主义宏观经济框架、以土地改革促进城乡转型、推进激进的金融改革等宏观政策。同时，南非共产党也将开展一系列具体的斗争，如争取全民基本收入补助金的斗争、争取人人享有工作权的斗争、支持工人参加参与式民主机构等。为推进党的政策目标，南非共产党将 2022 年视为实现"南非为社会主义而斗争"的一年，促进建立一个强大的工人和穷人社会主义运动。该党表示，需要优先考虑动员工人和穷人，优先事项是建立一个强大的、有阶级意识的工会运动。2022 年南非共产党在南非共产主义青年团百年诞辰纪念活动上进一步强调，要打造左翼人民阵线并将民族民主革命推向第二个激进阶段，进而在各条战线上推进、深化和捍卫革命。共产主义青年团的任务是通过建立受欢迎的左翼青年阵线运动，在青年队伍中发挥自己的作用。

第四节　影响南非共产党社会主义探索
与左翼政治合作的交织性因素

自 1994 年以来，南非共产党在国内外因素影响下推进社会主义探索与左翼政治合作取得不小的进展，促进了该党政治地位和影响力的提升。但是南非内部政治、经济、社会形势以及三方联盟内部变化等因素，也给南非共产党的社会主义探索和左翼政治合作带来不少挑战。如何处理上述问题，直接关系到南非共产党的社会主义斗争及南非的未来发展走向。

（一）南非共产党与非国大的发展路线博弈

南非共产党坚持与非国大结盟，这有利于南非共产党在 1994 年进入民族团结政府，并帮助其更好地推进社会主义思想及政策在南非落地。可以说，国家政权平台已经成为南非共产党推进民族民主革命的关键支柱。实际上，新南非成立以来南非共产党的社会主义目标没有多大变化，只是具体思想和政策主张在不断完善。同时也要看到，非国大作为资产阶级政党，在 1994 年执政后面临较为严峻的国内经济环境以及相对不利的国际环境，尤其是 1995 年南非在加入世界贸易组织后公开表示打算实行经济自由化。非国大政府制定的诸如增长、就业和再分配计划等政策在某些方面偏离了民族民主革命的一些战略设想，尤其是扩大私有化、减少政府支出、进一步放松管制等都是如此。对于民族民主革命的认知，非国大也与南非共产党不同，尤其是非国大并不将其视为通向社会主义的路径。当然，基于对历史不公的修正以及自身作为左翼政党的政策诉求，非国大也推出一些具有国家主导、财富再分配性质的理念和政策，以解决历史遗留问题，进而推动了国内黑人经济发展并支持国内弱势群体的发展。南非共产党长期以来坚持留在三方联盟内，其中一个重要理由就是与生产资料少数所有权产生的阶级不平等作斗争，上述斗争既有社会主义性质，也有利于促进经济公正、社会平等，进而为建设社会主义创造更好的条件。但是南非共产党内部有些人抱怨该党在三方联盟中遭到不公正对待，尤其在参与核心决策方面被边缘化。

对非国大施政，南非共产党既不忘赞扬其成就，也不排斥批评其政策错误。尤其是面对南非日益严重的贫富差距、社会不公等难题，南非共产党表现了不同的态度，强调该党代表工人阶级和穷人利益，谋求一条可持续的发展道路。其核心路径是改变国家经济体系，消除殖民主义和种族隔离的历史痕迹。该党倡导的发展路径与资本主义的涓滴理论不同，主张推动强有力的分配和再分配政策，以消除贫困和阶级不平等，推动性别之间、城乡之间、乡镇和郊区之间以及城市之间的平等；认为国家发展应体现在制造业的扩大和多样化，打破制成品进口和原材料出口的传统经济格局，并将创新、研发以及数字革命政策等作为优先事项；强化民族国家主权，加强决策自主，用好矿产资源禀赋；谋求改变工业由寡头或少数私营公司垄断的局面，着力建设蓬勃发展的国有企业，加强社会保障；推动土地重新分配，实现土地正义；发起金融部门转型运动，进而为工人阶级和穷人带来重大进步。

（二）工人阶级对三方联盟成员的认知变化

南非工人阶级出现在 19 世纪末期，是非洲最大、最有经验的工业无产阶级。非国大、南非共产党、南非工会大会都非常重视做工人阶级工作，与工会、工人建立密切联系，进而努力巩固和扩大政治基础，增强政治竞争力。1994 年南非三方联盟执政后，劳工的组织工作得到快速发展，工人阶级受到政府政策的更多关注。工会也赢得更大的权力，如工会通过将工人结社的力量转化为工作场所的议价能力，从而为工人赢得更好的工资和工作条件。但是南非稳步发展对普通劳工的影响有限，尤其是非国大在某些时候出于促进国家发展以及维护社会稳定等诉求，对工会的一些激进活动进行约束。一些工会领导人为获取政治或商业利益，不惜牺牲工人利益并向政商利益妥协；部分工会领导人还滥用工会权力和资产来进行投资，使得工会领导人与普通工人的距离越来越远。更为严重的是，南非失业问题日益严重，到 2022 年失业率达到潜在劳动力的 50%；在职工人的薪酬水平也不同程度降低。这些都极大地影响到工人对三方联盟的认知和态度，促使其中部分工会选择脱离三方联盟乃至转而支持南非反对党。尤其是 2012 年针对马里卡纳矿工罢工的血案，南非工会大会最大的附属工会——全国金属工人工会作出强烈反应，并谴责三方联盟背离了工人阶级利益。南非全国金属工人联盟还在 2013 年召开特别全国代表大会，决定切断与非国大的关系，并停止对南非共产党的资助。同时，矿工协会和建筑工会联合会、食品和联合工人工会以及南非最大的民众运动"棚户区居民运动"等也不同程度地认为非国大忽视工人阶级和穷人利益并压制工人阶级和穷人的斗争，进而宣布与其脱离关系。

南非共产党长期以来重视维护工人阶级和穷人的利益，其政治斗争也获得工人阶级的诸多支持。但是随着非国大政府有关政策的消极影响加深，南非共产党的角色也趋于尴尬：其一方面寻求通过支持非国大并借助非国大保持政治地位和影响力，为此该党不得不对非国大一些具有新自由主义色彩的政策和某些领域的官僚主义作风保持一定程度的容忍；另一方面该党也需要捍卫工人阶级利益并同非国大政府的某些施政不力作斗争。这就决定了南非共产党需要妥善处理与非国大以及行业工会和地方工人利益的关系，并争取实现一定程度的平衡。当然，这对南非共产党而言无疑是一个非常棘手的难题。尽管南非共产党强调，其谋求将工人阶级从剥削中解放出来，该党党员加入政府不是为了自身利益，而是为了左翼的议程并着力推进工人阶级的议程。但是事实上存在的南非共产党对本国工人阶级呼声响应不够、工人阶级利益维护不够，无疑也引发了南非部分工会和工人的不满和失望，乃至有些南非工人活动家认为南非共产党并非真心维护工人阶级利益，其接触工会和工人只是为了获取自身的政治利益。因而，南非共产党基于自身当前和长期的发展，不得不加大对工人阶级的支持力度，并对非国大政府某些政策采取更为强硬的态度。其中一个突出表现就是，2017 年开始该党就谋求单独参加选举，并谋求建立工人阶级和穷人的社会运动，进而巩固自身发展态势。

（三）三方联盟凝聚力减弱与非国大内部斗争的联动深入发展

1994 年以来，南非政党政治中同步出现了三方联盟凝聚力减弱与非国大内部斗争加剧的态势。三方联盟的内部分歧扩大起源于非国大占据政策决定的主导地位，对南非共产党和南非工会大会的意见相对倾听不足。随着三方联盟内部裂隙的逐步加大以及大选得票率的逐步下降，三方联盟成员之间的相互认知和相互关系也逐步发生变化。尤其是非国大在 2019 年 5 月 8 日的大选中，仅以 57.5% 的得票率获胜，明显低于 2014 年 66% 的得票率。非国大作为三方联盟领导者的积极作用弱化，尤其是腐败、效率低下以及内部分裂等问题不仅持续弱化了非国大的社会公信力，而且还影响到非国大的选举竞争力及联合政府执政能力。面对这一情况，南非共产党和南非工会大会均认为应该重组联盟，进而推动构建更好的联盟。2022 年南非工会大会第十四次全国代表大会也公开呼吁重组三方联盟，强调三方联盟必须是激进的联盟并充分反映南非大多数人的利益诉求。对此，非国大往往不予答复甚至表示反对。因为缺乏凝聚力，非国大在选举中持续表现乏力。如在 2021 年地方选举期间，非国大不仅无法为其竞选活动提供充足资金，甚至难以自信地称自己是"社会的领导者"。南非工会大会更是明确表态支持南非共产党在 2024 年大选中提名自己的候选人。上述言行虽然可能只是一种政治宣泄，但也无疑反映了三方联盟内部问题的严重性。

非国大内部派系问题的激化不仅容易引发党内纷争，而且有可能影响到三方联盟乃至国家政治稳定。非国大党内派系斗争不仅存在于高层之中，而且还延伸到地方党组织，导致一批非国大干部脱党、部分前非国大党员还成立新的政党，进而削弱非国大的选民基础。非国大党内派系斗争还对南非民主政治产生一定冲击，进而影响外界对南非民主政治的认知。如 2022 年 1 月，南非总统马塔梅拉·西里尔·拉马福萨公开表示，"非国大的分裂和派系斗争正在成为对民主的威胁，只有更坚定地致力于捍卫民主并果断地采取行动才有可能解决这些问题"。同时非国大内部派系斗争不仅体现为党内斗争，有时还上升为司法案件并引发外界对南非司法公正性的质疑。在非国大内部斗争一定程度上削弱其竞争力的情况下，南非共产党应选择建设尽可能广泛的工人阶级团结和"爱国和左翼人民阵线"，以提升在国家机器中的影响力，并努力推动南非走上更深层次的经济、社会和绿色转型之路。

（四）争取南非人民对社会主义信仰的使命使然

南非共产党始终坚持社会主义信仰，推进本国社会主义事业发展。

南非共产党思想探索和左翼政治合作都服从和服务于实现社会主义。受国内形势及三方联盟内部问题等因素影响，南非共产党面临诸多挑战，化危为机任重道远。南非共产党近年来深入反思选举表现不佳的原因，谋求汲取经验教训，并通过持续制定和完善新的政策方案，重拾南非人民对社会主义的信心以及对工人阶级和穷人运动的支持。为此，南非共产党明确反对新自由主义，认为"国家俘获"和新自由主义都追求超额利润；谋求继续巩固、捍卫和深化民族民主革命；谋求通过发展国家生产力，促进金融部门多样化，推动在高度不平等的社会中重新创造就业机会和重新分配财富。南非共产党认为其他政策工具如财政、货币和产业政策，都必须与此保持一致。南非共产党还注重增加社会工资，推进全面的社会保障制度，扩大公有经济部门并促使其多样化。这就要求该党深化联盟以及夯实更广泛运动的团结基础，敦促工人积极参与和实现工人阶级的革命团结，其中包括工人在争取公共服务方面和整个经济中的工会和联合会团结。

从阶段性来看，三方联盟既是政治需要，也是政治工具。在南非共产党实际力量尚不足以赢得多数南非民众支持的情况下，该党仍需要维持三方联盟，进而确保该党保持相应的政治影响力和塑造力。同时，南非政党政治的深刻变化，尤其是政党碎片化趋向有所发展、在野党联合日益加强，都对南非共产党带来新挑战，为此南非共产党也需要以三方联盟来应对其他政治力量的挑战。

第五节　总结

南非共产党在非洲国家共产党中担当了"领头羊"的角色，其相关理论和政策主张对非洲国家共产党具有一定的示范效应。同时，南非共产党也积极推动与非洲左翼政党尤其是共产党的相互联系与合作，为非洲一些国家共产党及左翼力量提供交流对话的平台。因而，南非共产党的社会主义探索和左翼统一战线策略尤为重要，对非洲其他国家共产党及左翼政党都有一定的启示意义。

在民族民主革命第二阶段，南非共产党需要处理好几个方面的重要问题。其一，三方联盟对民族民主革命第二阶段内涵的认知差异，以及如何推动社会主义因素更多融入民族民主革命第二阶段的问题。目前来看，三方联盟对民族民主革命第二阶段的发展方向既有一致的一面也有不同的一面。南非共产党需要发挥自身独特作用尤其是思想指挥作用，推动民族民主革命第二阶段更多地服务于国家长远发展以及工人阶级和穷人的利益，进而为南非未来建设社会主义奠定基础。这就需要南非共产党与非国大加强对话和协商，并利用好社会民意提升塑造力。其二，如何应对三方联盟内部团结与各自争取工人阶级支持的问题。目前来看，三方联盟对非国大、南非共产党和南非工会大会都非常重要，三方都没有脱离联盟的意愿，但是南非当前工人阶级面临的多重严峻挑战以及非国大政府的施政不力，削弱了工人阶级对三方联盟的信任。三方联盟成员都需要基于各自利益，提出针对性政策主张，以争取工会和工人的信任，进而巩固和夯实各自的工人阶级基础。南非共产党作为工人阶级政党更是迫切需要更多接触工人阶级和争取工人阶级支持，这可能引发非国大政府一定程度上的不满，乃至冲击联盟内部的合作关系。其三，南非共产党如何推动左翼人民阵线建设问题。左翼人民阵线是一个灵活的机制，虽然体现了广泛性，但是也面临内部利益差异的问题。南非共产党需要平衡兼顾社会各方面进步力量利益诉求，围绕整体性、专门性议题提出针对性的政策方案，并立足国家现状以及本党现状开展务实工作，才能尽最大可能团结最广泛的左翼进步力量。由于南非社会分化问题日益突出、左翼政党也不断增多，如何打破政党交往与合作的界限以及争取与非国大关系不佳的进步社会团体的支持都是一个现实问题。如果南非共产党不能妥善处理左翼人民阵线扩大可能带来的社会政治影响，就可能给三方联盟执政造成干扰。

目前来看，南非共产党对形势的认知和评估较为充分，有意愿抓住时机，谋求转危为机，从而在接下来新一轮的政治竞争中谋求更有利的位置。鉴于南非日益复杂的经济社会和政治现实，南非共产党相关政策诉求和主张无疑具有较强的竞争力，但是南非政党政治的复杂性和独特性，也决定了南非共产党的相关努力仍面临巨大挑战，其社会主义探索成效尚待继续观察。

第三章　摩洛哥进步与社会主义党 21 世纪以来的社会主义探索及其未来发展

摩洛哥进步与社会主义党是北非地区影响较大的社会主义政党，也是参政时间较长的左翼政党。该党不仅很早就获取了自身运作的合法性和"建制党"的身份，而且自 20 世纪 90 年代后期以来长期参与联合执政，形成了较强的治党治国能力，尤其是该党在方法论层面不仅重视立足实际、独立思考以及坚持目标导向，而且坚持系统论和整体论并谋求以更宽泛的视角分析问题、解决问题。当然，长期参与联合执政的负面效应也有所体现，这引发该党的逐步警醒和深入思考。2019 年该党退出本国联合政府并成为反对党，同时着力思考本国发展新模式，努力加强党建、探索构建新的政治联盟，以不断提升政治影响力。

第一节　摩洛哥进步与社会主义党的历史发展

纵观摩洛哥左翼政治力量的发展，大多经历了相对艰困的冷战时期并在苏东剧变后成为"建制党"且重视意识形态和自由主义实践。"阿拉伯之春"对包括进步与社会主义党在内的摩洛哥政党也产生直接或间接的影响。

　　摩洛哥进步与社会主义党的历史可以追溯至法国保护时期，其前身为摩洛哥共产党（1943 年）和摩洛哥解放与社会主义党（1968 年）。1974 年 8 月，摩洛哥进步与社会主义党正式成立，该党作为摩洛哥社会主义和劳工运动持续发展的代表，为摩洛哥的反殖和争取国家独立斗争以及建立一个更加民主、现代和发达的国家作出了贡献。该党的目标是让摩洛哥人民享有更多的社会正义、自由、平等和国家尊严，在某种意义上，该党系摩洛哥左翼政治力量的源头。该党重视吸收所有维护国家主权、独立和领土完整的公民，努力推动实现社会转型，促进民主发展和巩固法治，捍卫国家和人民的最高利益。该党党章确定了党在政治和法律框架内的活动原则，明确了党的性质、组织架构、党员权利等内容，完善了内部制度，强化了党的纪律。在工作方式上，该党重视依靠社会运动、群众组织并深化与工会、民间组织的关系，通过多种形式来实现党的任务和目标。苏东剧变之后，该党弱化了与原苏东国家共产党的关系。1995 年，该党正式宣布放弃共产主义意识形态。

　　自 1975 年以来，摩洛哥进步与社会主义党总共召开了十余次全国代表大会，尤其是 1975 年该党一大确定了民族民主革命是走向社会主义的历史阶段，2001 年的六大确定建设一个发达和更新的民主社会，2022 年十一大根据最新形势进一步强调增强党员归属感，明确领导层的责任，表态将更为积极地拥抱青年，进而为党的发展注入新动力。在该党的十一届二中全会上，该党选出新的领导层，其中半数为留任、半数为新晋党内精英，目的是在保持具有资深经验同志的同时，吐故纳新，实现党内领导层的接续发展，进而不断增强党的战斗力。尽管部分新晋领导层成员资历较浅，但他们普遍具备一定斗争经验，有着较多的政治历练，而且对党忠诚。此外，一些青年和妇女代表也进入党的领导层，更是扩大了该党的代表性，增强了党的群众影响力。自 2010 年以来，穆罕默德·纳比尔·本阿卜杜拉长期担任摩洛哥进步与社会主义党总书记，其自 2002 年以来还多次担任联合政府部长，在政府政策建议以及本党的思想理念变革方面发挥了重要作用。2010 年以来，该党的历次党大会都重视改革，谋求从参政、党建等方面助力党的自身发展，进而更好地实现党的任务和目标。

在国内选举竞争方面，摩洛哥进步与社会主义党长期以来多有斩获，体现了一定的社会民意基础和政治竞争力。在 2002 年 9 月举行的议会选举中，该党赢得了 325 个众议院席位中的 11 个；在 2007 年 9 月 7 日举行的议会选举中，该党赢得了 17 个众议院席位；在 2011 年 11 月举行的议会选举中，该党赢得了 18 个众议院席位。但是在 2016 年举行的议会选举中，该党仅赢得了 12 个众议院席位。在 2021 年议会选举中，该党尽管遭遇了党的领导人败选的困境，但是却赢得 22 个众议院席位并可以在议会单独组建党团。

尽管与摩洛哥其他政党乃至部分左翼政党相比，进步与社会主义党的规模相对较小，但自 1997 年以来，进步与社会主义党仍然是组建执政联盟的重要成员。1998 年以来，该党有多名人员进入中央政府并担任大臣等职位。尤其是 2013 年摩洛哥政府改组后，该党共有 5 名政治局委员及以上官员担任政府部长，这引发摩洛哥政坛和社会的广泛关注。2019 年 10 月，摩洛哥进步与社会主义党宣布退出联合政府，理由是联合政府各政党缺乏凝聚力和团结，各政党更多关注权力而不是改革，且由于联合政府未能满足社会紧迫需求，进而导致本国公民对政治失去了信任。2021 年议会选举后，摩洛哥进步与社会主义党没有参加联合政府，但凭借相对其有利的议会席位，可以在议会斗争中发挥更大的作用，甚至对政府政策产生一定的影响。

第二节　21 世纪以来摩洛哥进步与社会主义党的意识形态与政策主张

摩洛哥进步与社会主义党强调其是一个能够解决本国在经济、社会、政治和思想等领域多种问题的政党，也是一个以民主手段改造社会的社会主义政党，并基于人权、公民参与和法治国家建设等原则开展活动。其虽然不再谋求建立共产主义社会，但是也高度重视意识形态和价值观。如该党 2006 年七大明确规定，党的思想来源是以人类解放思想与自由、正义、平等、团结、协作、互助理念为基础的社会主义思想以及摩洛哥人民所有进步、积极的遗产与优良传统。冷战结束以来，尤其是 21 世纪以来，该党的意识形态总体保持稳定，但政策主张也顺应形势不断发展变化，尤其是注重自我反思和内部批评，以体现价值的与时俱进和适应性。

（一）对当前国际国内形势的总体认知

摩洛哥进步与社会主义党认为本国面临着复杂严峻的国际形势，必须妥善处理来自外部世界的挑战，进而维护本国人民的利益，并推动本国不断取得新的发展以及消除现实与潜在的风险；摩洛哥进入了一个全新的时代，摩洛哥人民需要把握国家发展现实，更多参与国家事务管理，并恢复对政治的信心。所有摩洛哥人尤其是青年应该积极承担责任，为国家的发展贡献自己的力量，而不能只是抱怨现状无所作为。

摩洛哥进步与社会主义党认为全球资本主义危机仍在加重，资本主义制度无法解决人类面临的各种问题。因此，人类需要建立一个新的、更公正和更团结的世界秩序，掌握更有效的手段来维护世界和平与安全，并保护人类免受持续的气候变化的影响。对摩洛哥而言，世界经济形势的低迷以及国际经济贸易竞争的增多无疑给本国经济发展带来一定压力。而 2020 年美国总统唐纳德·特朗普公开宣布承认摩洛哥对西撒哈拉的主权，也对摩洛哥内政外交产生明显的促进作用，助力摩洛哥改善对外关系以及增进国家内部的团结。该党总体认同本国政府对国际形势的认知以及相关对外政策，但也认为需要借助经济和外交等多个渠道，联合国内各方面力量，切实维护本国主权、安全及外交等利益。对欧洲议会插手摩洛哥的内政表达愤慨，谋求推动欧盟给予摩洛哥更多尊重。坚定支持本国政府应对阿尔及利亚的立场，认为上述立场富于理性和智慧，为改善本国对外关系创造积极的气氛。在巴勒斯坦问题上，坚定支持巴勒斯坦人的正当权益并谴责特定势力对巴勒斯坦人民犯下的罪行。

对国内发展形势，摩洛哥进步与社会主义党与执政党政府存在较多不同看法。该党认为，在过去十年里，执政党因推行不受欢迎的政策而遭受了严重的选举反弹，特别是在临时雇佣合同、压缩补偿资金、提高退休年龄和削减工资方面，导致社会大众的购买力下降。在新冠疫情大流行期间，摩洛哥也面临着边界管控、旅游业收入下降、大量海外摩洛哥人回国等问题，进而增加了贫困率和经济发展的脆弱性。该党还对政府抑制物价不力的现象予以批评，要求政府采取措施，切实缓解人民面临的生活危机，进而保持民众的生活水平以及提高民众购买力。要求政府不能满足于单一或孤立的措施，而要立足国内国际两个方面情况统筹采取措施。对于水、电等公共服务供给困难，该党也要求政府主动与人民群众进行沟通并切实掌握社会民意，从而确保社会公共服务的稳定性和有效性。呼吁政府勇敢面对现实和承担责任，并努力将当前的危机转化为机遇，从而使得摩洛哥能够实现进步和繁荣。

（二）对本国发展模式的认知

摩洛哥进步与社会主义党作为左翼政党，其在 21 世纪以来尽管长期进入议会或时有加入政府，但是在国内发展道路和模式上，始终有着自己的独特见解和诉求。尤其是该党持续坚持变革的诉求，进而推动打造摩洛哥改革新时代。这实际上也反映了该党长期以来的一贯主张，如早在 1987 年四大上该党就提出替代方案，谋求推动国家的变革。此后，该党更是把握形势发展，持续推动国家变革。

在 2010 年八大上，摩洛哥进步与社会主义党明确表示推动国内机构改革并努力为推动变革作出自己的贡献。基于摩洛哥 2011 年新宪法出台的情况，进步与社会主义党强调要把握时机，为本国政治和民主发展创造良好的条件。而在经济和社会发展方面，该党则谋求解决现实存在的发展不平衡问题，以促进经济增长、消除社会弊端、促进社会正义。该党还强调其作为左翼政党，坚持社会主义原则和逻辑，体现党的政治色彩以及政治形象。如 2017 年该党根据形势发展进一步提出，摩洛哥的民主道路并非一帆风顺，需要不断加以修正。尤其是通过激活新的发展模式，为国民生活注入新的民主气息，进而实施有利于民主化和现代化的替代方案。

在 2018 年十大上，进步与社会主义党强调加强民主建设，促进议会民主，进而实现真正的民主。尤其是强调要发挥"源自投票箱"的政府作用，促进民选机构在各个层面的有效运作。同时肯定过去 20 年国家发展模式的可取之处，尤其是重大项目政策的实施，使得国家取得了不小的工业发展和科技进步，但是也认为现有发展模式既不能满足所有公民的期待，也难以缩小社会差异，乃至在一定意义上还加剧了社会不平等以及地区发展差距。越来越多的摩洛哥人呼吁社会正义，要求分享发展成果。此外，摩洛哥不同地区的发展差异显而易见，进而影响到国家的经济社会发展以及空间发展。该党呼吁要构建一个以服务人民为中心的发展模式，推进区域化发展战略，以进一步缩小地区发展差异以及解决社会不平等问题。

在 2021 年摩洛哥议会选举前，进步与社会主义党提出了具有鲜明特色的竞选纲领，强调要促进建立服务国家发展和主权的强大经济、将人民置于公共政策的核心以及促进民主复兴。该党总书记本阿卜杜拉指出，没有广阔的民主空间，任何发展模式都不可能成功；摩洛哥需要民选机构、强大的议会以及能够承载和实施新发展模式的强大政府，因为民主是实施任何改革的基本立足点；谴责本国存在的"黑金政治"，指出不反对为有需要的人提供资金支持，但是任何政党和政治家绝不能为了选举利益而进行政治贿赂，因为这不仅违法而且违反了政党平等原则。为此，该党强调要消除投资障碍、提高企业竞争力、实施社会对话政策、确保员工参与公司的战略决策以及在竞争力、良好的工作条件和尊重工人权利之间实现平衡；重视发挥国家的作用，认为国家的作用是根本的，其能力发挥必须体现在指导和控制层面、直接干预层面以及作为社会公平保障者的角色；鼓励私营部门发展，强调促进生产性私营部门发展、加强企业法治和实施真正工业化政策的重要性，以此实现包容性和可持续发展；着力发展数字经济，以适应新的社会变化；强调必须坚定地促进性别平等，特别是增强妇女在所有民选议会中的代表性，以便为妇女参与政治创造有利条件，并通过提高妇女的参政率促进妇女融入主流经济。该党还认为，必须加强政治行为体的作用，促进政治竞争，强化政治行为体的忠诚和责任感；重视发展民间社会，促进社会经济发展，以及构建合作社和社会型企业；通过恢复和尊重民选议会的权力，加强民选代表的作用，坚定地朝着权力下放和区域化的方向前进，推动各个地方的相互补充和团结并促进各地方建立良性的竞争机制。

2022 年摩洛哥进步与社会主义党十一大进一步肯定本国在民主道路上取得的成就，但是认为也有必要进行适当的改革，进而为国家发展注入新的活力；进一步提出要将民主和进步替代方案置于发展工作的中心，以促进本国改革框架内的经济、社会等方面的互补发展。谋求使大众更多参与国家决策和治理，进而提升决策的科学性以及实现政治的更大民主化。该党在总结退出联合政府以来的经验教训时还指出，一年多以来其所提出的政策建议或替代方案，目的是建设性地帮助国家走出困境，乃至推动将危机转变为经济社会进步的契机。如在2023 年金融法案审议过程中，该党要求政府、议会、社会大众等进行积极互动，进而使得民众诉求得到更多倾听，并进一步强调舆论是民主建设的重要管道。在议会关于金融法案的对话中，该党致力于以建设性和负责任的方式促进改善金融法草案内容，以实现真正的经济进步，支持国内企业尤其是中小企业发展，应对日益严峻的高物价等议题，进而实现真正的社会正义。该党谋求扩大个人和集体自由的范围，扩大对人权的保护，促进两性平等；谋求在经济发展中发挥公共部门主导作用，私营部门发挥自身的独特作用；强调在未来将加倍努力，实现更大的进步和民主。

（三）切实推进党的自身建设

摩洛哥进步与社会主义党高度重视党的自身建设，并将选举竞争、政治竞争等与党的自身建设挂钩，进而带动党的全面发展。尤其是近年来通过评估党在议会、政府以及社会大众中的影响力，该党持续深化党内研讨，推动党内政治生活深入发展。核心是从战略上改善党组织与群众的关系，进而提升党在国家政治领域的影响力。上述工作推动该党在组织、制度、作风、能力建设等方面取得一些明显进展，如在工作方法、沟通机制、发挥个人主观能动性和集体合力等方面，都有所进展。

为扩大党的社会覆盖面，吸纳更多社会各方面精英入党，摩洛哥进步与社会主义党积极加强其在社会各专门领域的存在，并深深扎根其中。尤其是针对青年和妇女等群体，该党出台专门的政策，如建立"童子军"、社会主义青年团等组织以及加强平等与发展论坛等对话机制，以强化理念和政策吸引力，进而将目标对象纳入其中。在招收党员过程中，该党重视严格标准和流程，要求目标对象深刻认识该党的思想理念、目标和任务，进而提高入党的理性和自觉性。当然在青年入党之前，该党也特别重视党组织与青年的互动，力求从思想理念、组织联系等方面加强彼此的认同，进而提升党员队伍质量以及党组织活力。其核心是加强培训和教育，推动青年认同党的价值和道德，并形成更为清醒的入党认知，即加入党组织必须勇于承担责任、敢于斗争，并为实现党的目标而保持坚定的毅力。同时要坚持集体意识，不能将个人得失和利益置于集体利益之上。为加强党员的忠诚意识，该党还重视发挥老党员及领导干部的模范作用，形成以老带新、以老促新等工作方式，帮助更多年轻党员提升对党的归属感和奉献意识。此外，该党还加强纪律建设，及时评估党组织和领导干部的表现和履行承诺情况，以此回应社会大众对党的期待。

为维护工人阶级利益以及支持工会发展，摩洛哥进步与社会主义党持续强调自身作为工人阶级先锋队的立场，声称要维护劳动群众的合法要求，并将其上升到推动经济社会平等、促进社会凝聚力以及加强统一战线建设的高度。该党公开谋求推动政府、雇主和代表性工会的制度性、定期性对话，并实现对话的透明性和公开性，进而提升工会和工人的发言权，促进国家财富的公平分配。该党还强调，宏观经济平衡绝不能以牺牲社会平衡以及工人作为财富创造者的基本需求为代价；工会应自由行使自身权利，并通过扩大社会保障、加强工人健康和安全，进而消除影响工人的各种消极因素。希冀通过社会对话，增进社会内部的相互信任以及团结，进而为摩洛哥更好地应对各种现实和潜在挑战营造氛围。

第三节　摩洛哥进步与社会主义党21世纪以来的统一战线建设

摩洛哥实行独特的君主制，政党在国家政治体制中发挥重要作用，但仍受到多方面的限制或约束。如该国宪法规定，政党应致力于向公民提供政治教育，促进他们参与国家生活和管理公共事务。政党有助于表达选举人的意愿，并在宪法体制范畴内通过民主参与行使基于多元化和政权交替的权力。目前来看，摩洛哥政党数量众多，涵盖左翼、右翼以及中间党派等各个类型，主要政党意识形态和价值观差异较大。就左翼而言，既有人民力量社会主义联盟等较有影响的传统社会主义政党，也有民主左翼联盟、绿色左翼、工人民主道路党等各具特色的新兴左翼政党或政党联盟。这些左翼政党虽然或多或少有一些相互沟通或协作，但也存在诸多差异，党同伐异或相互指责的情况时有发生。

对摩洛哥进步与社会主义党而言，其由于长期参与联合政府，因而被外界形容为"政府中的左翼"。在联合执政期间，该党的执政伙伴不断变化，其中有的合作伙伴意识形态和价值观相近，有的合作伙伴意识形态差别较大，因而不同联合政府的某些政策主张可能同摩洛哥进步与社会主义党相同或相近，有些政策主张则可能同摩洛哥进步与社会主义党的传统支持群体利益相左。这无疑加剧了该党外部环境的复杂性，影响到其社会支持度和政治影响力。这突出体现在该党内部对参与联合执政的分歧增多，党内矛盾有所加剧。同时也表明摩洛哥进步与社会主义党同联合执政伙伴的意识形态差异较大，相互认同不多，相互妥协的现实需求很大。由此，摩洛哥进步与社会主义党为维护执政联盟的稳定以及继续参与联合政府，不得不在某些政策上向执政伙伴做出让步，长此以往该党通过参与执政带来的政治红利也有所减少。这使得摩洛哥进步与社会主义党不仅被更多看作"建制党"，而且在一定层面上减弱了左翼政党色彩。如 2011 年"阿拉伯之春"浪潮席卷摩洛哥后，摩洛哥国内部分民意对政府乃至国家政治体制的不满有所增多，不少摩洛哥左翼政党以及民间组织响应民意并提出了各种各样的社会和政治诉求，希冀以此推动国内政治改革。尤其是一些相对激进的左翼政党如工人民主道路党、社会民主先锋党、统一社会党等，公开主张反对腐败等诉求，引发摩洛哥国内左翼群体的积极响应。摩洛哥左翼政党还与伊斯兰团体正义与慈善组织进行沟通协调，联合开展一些反政府活动。摩洛哥进步与社会主义党的部分党员也参与示威抗议等活动，但是作为联合政府成员党，该党对于国内左翼群众的社会变革诉求最初保持沉默，既不支持也不反对。该党中央政治局在 2011 年 2 月 15 日声明中更明确表示，该党只能通过官方机构的内部和平民主参与机制参与旨在促进民主和社会正义的有组织和负责任的社会政治活动。该党拒绝混乱，并努力维护任何进步所需的稳定性。此举引发一些党员和支持者的不满，乃至促使他们作出了与党的原则和立场相违背的表态。面对上述情况，摩洛哥联合政府也主动推动实施一些政治变革，以缓和社会矛盾，但是难以满足部分左翼政治力量的诉求。同时部分左翼政党同正义与慈善组织围绕群众运动的分歧也有

所扩大，导致双方关系趋向紧张。其实早在 2016 年伊斯兰政党公正与
发展党上台执政之前，部分左翼政治力量同伊斯兰政治力量对话沟通
的意愿明显减少，使得不同政治力量之间的分歧和冲突有所增多，进
而导致部分左翼政党选择终止与伊斯兰政治力量的沟通和对话。而摩
洛哥进步与社会主义党仍参与联合政府并支持正义与发展党执政，此
举无疑对为进步与社会主义党带来不利政治影响。尤其是该党一方面
为左翼选民所反感，导致其在 2016 年议会选举中表现不佳，虽然选后
进入联合政府，但政治实力和地位有所弱化；另一方面该党同其他左
翼政党的关系也有所激化，尤其是在左翼内部面临更多的挑战乃至陷
入一定的政治困境。如何确定自身的定位以及保持在国内政治斗争中
的竞争力成为摩洛哥进步与社会主义党领导层必须认真考虑和对待的
问题。加之联合执政党公正与发展党等对该党的态度也发生变化，
2017 年以来两党矛盾不断激化。摩洛哥进步与社会主义党在反思其在
联合政府的表现时表示，虽然该党历史上或现实中掌握了教育、科学
研究、媒体、住房、卫生、妇女等部委权力，并推动上述部门推出一
些积极和进步的政策，但是由于该党在联合政府中并不占据主导地位，
因而难以有效地影响政府整体政策制定或改进。2019 年，摩洛哥进步
与社会主义党宣布退出联合政府并成为反对党。

　　在成为反对党之后，摩洛哥进步与社会主义党重视在议会及其他
政治场合发挥作用，对政府政策提出批评并就一些新老社会问题提出
自身的见解和应对建议，力争推动政府纠正错误做法。在政治方面，
摩洛哥进步与社会主义党在尊重国王的前提下，积极提出新的政治合
作思想理念，具体表现在两个方面：一是进一步拓展合作理念，谋求
扩大政治空间和合作对象，以提升自身的包容性；二是提出左翼联盟
的设想，谋求推动左翼合作，以发挥左翼在国内政治中的合力。为此，
摩洛哥人民力量社会主义联盟、进步与社会主义党等努力将反对派聚
集到一起，以促进反对派内部的和解与整合，进而形成更有效的联合
阵线。在 2021 年议会选举中，摩洛哥进步与社会主义党总书记本阿卜

杜拉表示，该党将积极参与立法选举，并谋求同合适的政党结盟，但是也明确指出该党不会不惜一切代价进入联合政府。但是从实际效果来看，摩洛哥反对派难以加强团结，主要原因是反对派内部组成复杂，意识形态差异较大，难以在一系列问题上形成共识。尤其是部分政党领导人历史积怨较深，相互批评不断，难以弥合彼此分歧，这使得反对派内部继续协商的空间日益缩小。因而，反对派分散性带来的内部分裂持续显现，难以对政府形成有力的牵制。

第四节　总结

在摩洛哥政党政治中，社会主义力量或倾向社会民主主义的力量占据一定的政治空间，拥有不小的社会基础，但其总体政治发展空间仍受到一定的限制。对于摩洛哥进步与社会主义党而言，其面临的左翼政治形势是左派政党的分裂性特征始终存在，左翼内部的分化变动不消；左翼政党的政治话语在适应社会形势变化上存在一定滞后性，并在一些情况下受到政治体制的约束。因而，在摩洛哥左翼政治力量中，进步与社会主义党如何进一步打破身份危机，提升左翼思想的受欢迎度，进而推动社会主义受到更多重视，成为该党迫切需要关注的现实问题。

在现实政治中，摩洛哥进步与社会主义党急需强化三个方面的特色。一是反对派中的引领力量。作为反对党，该党可以针对国家发展以及民众的诉求，提出不同的国家发展战略并持续进行宣传，从而展现该党的治国理念。该党已经及时通过政治局公报、中央委员会报告以及重要领导人的谈话发言等形式，持续对政府工作中的失误或不到位之处进行揭批。当然，该党对于政府取得的一些积极进展，也会予以肯定，以避免陷入盲目反对政府以及与政府对抗的境地。该党还要求政府继续推进民主建设，尊重人权，以及促进自由和平等，进而为民众参政、议政等创造良好的条件。二是打造高品质、富有特色的左翼政党形象。作为左翼政治力量一员，摩洛哥进步与社会主义党必须摆脱以往"政府中左翼"的形象，注意体现基层民众、工人阶级以及弱势群体等利益，进而不断体现左翼政治力量的应有色彩。在对外关系中坚定捍卫国家利益，尤其是坚定维护国家主权和领土完整，强调摩洛哥全国共识和强大的内部团结是应对外部挑战的最有力武器；强调只要摩洛哥坚持发展经济、巩固民主建设以及坚定捍卫国家主权，就可以很好地应对外部挑衅。三是建设富有个性的政治联盟。鉴于摩洛哥的政党政治现状，单一政党难以实现独自组阁，而必须借助政治结盟来实现政治力量的提升，摩洛哥进步与社会主义党需要摒弃为进入政府而进入政府的做法，而应努力通过日常政治合作、选举合作等多种形式来打造统一战线。其中，摩洛哥进步与社会主义党需要处理好同更为激进的左翼政党的关系，尤其是既要兼顾传统身份、社会主义、进步左翼特色，也要把握形势发展变化，不断创新意识形态和价值观并包容新生事物。

为实现上述目标，摩洛哥进步与社会主义党需要进一步加强党的自身建设，其中包括推动党的领导层有序更新，让更多有能力、有经验、有抱负的年轻干部走上前台。在此基础上完善党的领导层分工，强化党的领导层"领头羊"作用；推动党的各级机构更多走进社会、走进民间，推动社会对话和沟通，让民意更多被倾听乃至上升为该党的政策建议；加强党内辩论尤其是在政治、组织、沟通和选举、培训以及监督等方面，努力推动党内形成共识，促进党内团结，并提升党的战斗力；扩大与进步社会运动的联系与合作，推动更多社会力量参与国家事务，并由此锻炼群众、教育选民，推动更多的选民跟党走；通过更好的政策主张，来动员和组织社会大众，引发更大的社会关注和影响力；通过及时收缴党费等形式，进一步提升党的财务能力，从而使得党可以支付其活动费用、加强其内部管理，并更好地继续履行责任和发挥作用。通过上述努力，摩洛哥进步与社会主义党可以发挥政治能量并推动本党的政策主张更多被政府采纳、思想理念更多被社会大众认可，进而为该党的重新参与执政或牵头执政奠定更好的政治基础。当然，上述政治努力能否切实转化为具体的政治成果，还需要继续观察和评估。

第四章 21 世纪以来埃及共产党面临的国内形势变化及其战略调整

埃及共产党作为一个百年老党，持续开展社会主义斗争，在埃及国家独立、国家发展等进程中发挥了一定的作用。尤其是该党始终坚持独立的政治主张，坚定捍卫国家主权、促进国家发展、提升国家民主和治理水平，进而促进国家面貌的不断改变。21 世纪以来尤其是 2011 年以来，埃及共产党面对新的、不断变化的国内外形势，持续发声并努力推动革命朝着有利于工人阶级的方向发展。尽管革命后的形势对共产党相对不利，但埃及共产党既坚持既定的斗争路线，又不断根据形势发展进行战术调整，持续围绕国家发展、人民生计、对外政策等议题发声，并持续推进统一战线建设，以最大限度地维护人民利益、促进国家的长远发展。着眼未来，该党仍将坚持革命立场，努力推动本国根本性变革，当然具体成效尚待继续观察。

第一节 埃及共产党的历史发展

埃及共产党历史悠久，历史上几经磨难，其前身为 1921 年 8 月成立的埃及社会党。100 多年来，埃及共产党重视引领工人阶级、农民、学生和知识分子等持续开展斗争，坚定捍卫埃及全体劳动者和穷人的利益，并通过持续地宣传和教育，在文化、文学和艺术创作等领域留下鲜明的马克思主义印记。埃及共产党的发展历史可划分为如下几个阶段。

第一阶段兴起于20世纪20年代。埃及共产党成立之初就利用埃及融入全球资本主义经济以及本国工人阶级逐步发展的时机，积极宣传左的思想主张，用好当时蓬勃发展的民族主义，还领导了几次埃及罢工运动。1922年7月30日，埃及共产党召开了第一次代表大会，并申请加入第三国际（共产国际），然后于1923年1月6日至7日成功召开了第二次代表大会，决定改名为"埃及共产党"。然而，埃及共产党更名之举很快引发当时埃及君主的反对，该党被迫转向秘密运作。从20世纪30年代开始，埃及国内重建共产主义运动的呼声不断增强。鉴于当时埃及政府谋求利用左翼力量制衡外部施压，因而对其给予了一定的政治宽容，这使得埃及共产党在政治舞台上又开始活跃并发挥较大影响力。

第二阶段始于20世纪40年代。第二次世界大战开始后，埃及共产党人开始组建多个共产主义组织，其中包括埃及统一共产党等。到1946年埃及共产党人成功建立了"全国学生和工人委员会"，领导了反对占领的民族斗争和人民抵抗，并坚决反对英国控制苏伊士运河。在埃及1952年发生革命并在此后成立共和国之时，埃及共产党对军队虽然并不看好，但是也在一定程度上予以支持。对于新政府的不少政策，埃及共产党并不认同，因而遭到新政府持续的打压。鉴于面临的严峻政治形势，埃及共产党于1965年自行解散。一些共产党员加入当时唯一的执政党阿拉伯社会主义联盟，一些共产党员则选择加入相对分散的社会主义青年组织或社会主义研究机构。这些为后来埃及共产党的再次成立积累了宝贵的人才资源。1967年第三次中东战争中阿拉伯军队的落败，激发了包括埃及左翼在内的地区左翼重新抬头。

第三阶段始自20世纪70年代。在1972年埃及和苏联关系出现重大挫折以及埃及爆发学生运动后，埃及社会内部尤其是左翼开始反思本国的亲美政策，要求政府对内外政策进行调整。这些都促进埃及共产党于 1975 年 5 月 1 日重新成立，以推动建设工人阶级政党并谋求在民主革命阶段进行社会主义建设。该党的重新建立得到总统穆罕默德·安瓦尔·萨达特的许可，此后埃及共产党积极参与组建广泛的左翼统一战线，以形成更大的政治影响力。但是随着形势的发展变化，埃及共产党演变为反对萨达特总统以及西方新自由主义政策的重要政治力量。

第四阶段是苏东剧变之后。苏东剧变对国际共产主义运动带来沉重打击，但是也给各国共产党自主探索本国社会主义带来契机。埃及共产党人深化对社会主义的认识，不将苏联共产党丧权亡党视作社会主义的失败，并强调资本主义仍处于危机之中，社会主义仍是未来的发展方向；强调埃及共产党需继续加大力度做工人阶级工作，妥善处理好与执政当局的关系，避免因为与执政当局妥协而陷入更大的政治危机。埃及共产党还大力加强组织工作，积极发展传统支持者和大学生入党；立足反对政府的内外政策强化舆论宣传并争取人心，进而为该党持续积累斗争经验。

第五阶段是 2011 年"阿拉伯之春"后恢复公开活动。2011 年之前的埃及国内形势推动埃及共产党谋求展现更大的舆论和政治能量。然而 2011 年的埃及"1·25 革命"带来的政治形势变化却无疑给包括共产党在内的埃及左翼力量带来非常沉重的打击，迫使埃及共产党保持谨慎态度。

第二节　2011 年以来国内形势变化对埃及共产党的影响

埃及 2011 年"1·25 革命"的爆发以及随后穆罕默德·胡斯尼·穆巴拉克下台等一系列重大事件的持续演进，推动埃及国内政治局势发生重大变化，使得埃及共产党面临更为复杂严峻的局面。

（一）国内政党数量增加，埃及共产党主动开展政治活动

随着 2011 年"阿拉伯之春"的深入推进，埃及各类政党、政治组织纷纷成立，根据埃及政党事务委员会 2011 年 9 月发布的信息，埃及政党数量增加至 47 个。

随着国内政治形势的发展，埃及共产党也逐步恢复运作，以抓住时机来实现党的力量发展。2011 年"1·25 革命"后，该党颁布了一项决定，要求公开开展活动，并选出一个由 17 名成员组成的临时领导层，还成立一个由 5 人组成的书记处，着力为党的第四次代表大会做准备，希望由此确定党的行动计划，力争在未来一段时间内实现革命的要求和目标。埃及共产党扩大招募大学生、工人、知识分子等入党，以此吸纳新鲜血液，不断扩大党员队伍。利用举办教育课程等机会，对工人党员进行培训，提升其政治素养和斗争水平。在宣传上，该党积极利用党的相关媒体、网站等阐释党对国家政治、经济、社会等领域发展的看法，明确党的阶级诉求，以及党的优先工作事项，从而让党员以及社会大众更好地了解党的主张。该党总书记萨拉赫·阿德利等领导人还利用接受媒体采访等机会，进一步阐述党的主张和诉求，以扩大党的社会舆论影响力和号召力。在资金筹集上，该党缺乏外部支持，也没有获得政治合作伙伴的支持，主要通过党员的捐款以及一些经济项目来支撑党的日常运作。

埃及共产党还着力参与国内政治博弈，以争取有利的政治形势。面对难得的政治机遇，埃及共产党积极主动开展政治斗争，其中包括进行政策宣传与政治竞争、对不同政治理念进行批判以及谋求通过选举获得更高的政治地位。埃及共产党还与其他左翼力量进行政治沟通与协作，以强化政治影响力。

（二）埃及共产党面临的几个重要政治难题

埃及共产党在新的时期面临多方面的困难和挑战，如果不能妥善

加以应对，就难以开拓政治空间和进一步打破政治壁垒，进而难以实现党自身的政治主张和目标。

首先是面临多种社会思想的博弈。埃及国内外学者对本国自"阿拉伯之春"后的社会思想发展有着多种认识和界定，但总的看世俗自由主义、伊斯兰主义、民族主义、社会主义等有着较大的影响。上述埃及社会内部的思想理念既有明显差异，也有相互影响、相互作用之处，存在某种程度上的共性，这源自埃及独特的历史、政治文化及宗教传统。实际上埃及很早就存在社会主义思想，不仅共产党坚持马克思主义，民族民主力量代表人如前总统贾迈勒·阿卜杜勒·纳赛尔在1955年亚非会议上就提出要在埃及建设社会主义，此外还有一些左翼力量也提出不同形式的社会主义主张，可以说埃及人民对社会主义并不陌生。但是也要看到，苏东剧变后，埃及受国际形势变化以及国内政治转向等影响，在20世纪90年代初接受新自由主义思想并推行新自由主义改革，这导致埃及的经济、社会及政治等问题日益严重。这些问题日积月累，使得埃及的社会抗议和斗争等现象层出不穷，进而为"阿拉伯之春"埋下伏笔。2011年后一段时间，埃及的伊斯兰价值观开始得到更多重视，并借助一些宗教政党的发展被更多体现在社会、政治政策上，这引发倡导自由主义、民族主义以及社会主义等思想的政治力量的警惕和不安。如埃及国内不少人士指责，"政治伊斯兰主义者试图将宗教纳入政治舞台，乃至倾向于采用与伊斯兰教相反的价值观"。一些亲西方的自由主义者谋求复制西方的政治制度，在埃及实行三权分立和多党选举政治。支持社会主义的不少政治人士鉴于2011年后埃及的社会政治形势，仍坚持继续深化革命，努力推动本国实现真正的民众参与、社会正义以及建设现代国家。

埃及社会内部及部分西方学者提出，"阿拉伯之春"产生了新的民族主义意识和民族主义思想，其突出表现为对埃及作为一个国家属于谁、国家能够为人民提供什么样的保障以及国家的未来发展走向等认识更为深刻。从历史发展进程看，上述民族主义属于埃及民族主义的复兴，但是它不是一种简单的民族主义意识形态，而是呈现为一种复杂的、多方面的概念。埃及民间社会更多强调反对社会不公，要求执政者更多为民执政、为民服务。一些民间文化也开始倡导民族主义，主张维护国家团结和推崇爱国主义。"阿拉伯之春"后的埃及执政当局也利用民众的心态变化，从不同方面宣传和推动新的民族主义，进而巩固自身的执政地位。从外部因素来看，西方国家自"阿拉伯之春"以来持续干预埃及政治事务，谋求推动埃及继续坚持新自由主义并效仿西方式民主。

就埃及马克思主义和社会主义力量的内部组成来看，情况无疑较为复杂。目前倡导社会主义或共产主义理念的埃及政党主要有埃及共产党、埃及社会主义人民联盟党、埃及面包与自由党、埃及工人和农民党、埃及工人民主党等，此外还有一批政治团体和社会团体也倡导社会主义。上述政党或政治力量思想主张复杂，如有的倡导科学社会主义，有的倡导托洛茨基主义，还有的仅仅倡导实行社会主义经济措施。这突出体现在对社会主义的认识以及实现社会主义的方式等方面，进而使得埃及的社会主义与共产主义力量内部存在不小的分歧。如埃及社会主义党在2011年成立，该党由马克思主义者和非马克思主义者组成，其核心观点是资本主义掠夺了埃及并使埃及人民陷入贫困，促进埃及国家发展和提高人民生活水平的唯一途径是实行社会主义经济措施。

其次是面临工人阶级内部差异带来的挑战。埃及"阿拉伯之春"本身缺乏明确的意识形态引导，其由多个思想和力量交织推动，形成了要面包、要自由、要公正等诸多诉求。参与力量囊括埃及社会的诸多方面，其中既有城市平民、工人，也有各地青年，还有社会政治精英。对于工人阶级而言，其积极参与斗争并付出了很大的牺牲，但是独立的工人运动相对不多。这是因为参与的力量谋求改变现状，包括推翻民族民主党政府、改善经济社会生活等，其具体表现为各种"够了"的呼吁，以及反对压迫的集体共鸣，在很大程度上表现为对民族民主党政府施政的不满。同时也要看到，参与"阿拉伯之春"的埃及工人长期以来从未停止过要求提高工资、反对私有化以及政治腐败等诉求，如不少工人罢工或抗议，要求提高工资、改善工作环境，或企业一些管理层辞职。一些埃及工会或工人阶级领袖也没有坚持斗争到底，而是根据国内形势变化，不断调整立场，有些还加入政府，从而获得现实的政治利益。

此外，在埃及工人阶级斗争中，往往只有代表中产阶级利益的抗议活动才能得到埃及大众媒体的广泛关注，其相关利益表达还成为革命诉求的"主轴"。这是因为当今时代的媒体具有自身的议题选择逻辑和叙事逻辑，部分出身中产阶级、精通互联网的年轻人在斗争策略宣传和斗争要求方面往往受到更多关注，乃至被定义为"革命的化身"。但是导致革命的真正原因却没有被深入的解读和报道，尤其是不公正的社会结构、来自西方资本主义的剥削以及西方大国的干预等，反而被定义为攻击特定政党或领导人，进而"引导"了革命的方向。由此，埃及真正的城市平民、工人的诉求不仅得不到充分报道，反而因为西方主流媒体及地区一些媒体的刻意忽视而被边缘化。此外，不少西方非政府组织还刻意介入埃及的革命运动，支持不同的利益群体进行具有特定意向的政治斗争，这些斗争既有一致性，也有区别性，并在一定程度上加剧了革命力量的内部分歧，进而影响到埃及革命力量的可持续行动。

埃及共产党由于刚刚走向公开，社会组织力、舆论影响力较为薄弱，加之缺乏可靠的资金支持，虽然也进行了广泛的呼吁和动员，但是难以在革命爆发后扮演"领头羊"的角色。更为突出的是，埃及左翼内部也缺乏广泛的一致性，没有结合埃及国内政治形势、斗争现状以及社会需求，更好地引领工人阶级运动，从而推动工人进入政治斗争的前沿并以社会主义纲领作为主要诉求。这导致埃及左翼往往被国内外一些力量界定为不了解埃及革命"本质"，也未能拿出一个广泛而全面的变革愿景，进而未能扮演好作用更大的政治角色。

（三）部分政治制度变革不符合埃及共产党的诉求

2011 年后，埃及持续推进政治变革，不仅影响到埃及的选举结果，而且影响到埃及的政党政治发展。上述改革经受各方的检验，也在不断进行调整，其中部分改革还经历反复。对埃及共产党而言，选举制度改革以及《政党法》的影响较为突出。

作为一个相对弱小的政党，埃及共产党无力赢得总统选举，但仍存在参与议会选举的实力。2011 年后的埃及选举制度不断进行调整，并体现了更多倾向独立候选人的色彩。其中 2011 年埃及武装部队最高委员会发布新的选举法，决定人民议会和协商会议均减少席位，全国划分为 60 个选区（30 个选区由政党提名候选人，实行比例代表制；另 30 个选区由独立候选人参选，实行简单多数代表制）。2014 年 6 月埃及临时总统阿德利·曼苏尔批准新的议会选举法并确立了混合选举制度，其中 420 名议员（超过 70%）基于个人候选人产生，另外 120 名则基于绝对封闭名单产生，政党和独立人士都可以竞选单一成员席位和名单席位。2015 年 7 月，埃及总统阿卜杜勒·法塔赫·塞西批准通过新的议会选举法修正案，为个人候选人分配 448 个席位，为政党候选人（基于赢者通吃制）分配 120 个席位，还为青年、妇女、基督徒和工人分配了一定名额。2020 年 7 月，塞西总统批准若干涉及议会选举的修正案，其中有关下议院选举的修正案规定，当选议员人数应为 568 人，50% 将通过个人候选人选举产生，另外 50% 将通过封闭名单制选举产生。埃及反对党大多基于小党利益，主张实行比例代表制，允许每个政党按照其在某一选区赢得的选票比例获得席位。因为封闭名单要求一个政党名单必须获得至少 8% 的总选票，才可能有资格进入议会。如果某个政党得票率低于 8% 的门槛，那么它赢得的选票将输给获得多数选票的政党，这对小党很不利。此外，调整后议会构成也对共产党不利，尤其是该党遭受宗教政党支持者以及商人、富人当选议员的冲击，埃及议会政治在一定程度上出现了不利于工人阶级利益的情形。作为规模相对较小、资金相对不足的政党，埃及共产党无疑难以与大党、富裕政党竞争。

此外，2011 年 3 月，埃及最高军事委员会修订了 1977 年通过的《政党法》。修正案主要涉及三个方面，其中包括保留对宗教政党的限制，允许有条件成立政党以及撤销官方对政党的资助等。同时保留了原有的政党事务委员会，但该委员会成员改为专业司法人员担任。该机构被授权审查新政党的申请并被允许根据相关规章制度对政党的成立提出反对意见。对于埃及官方实行政党许可制，该国有的政党表示反对，认为政党事务委员会受到行政权力的影响，其存在无疑具有政治性。埃及共产党对于修订后的《政党法》也不认可，认为其更多为富人和资产阶级服务，而不利于工人和农民。

(四) 政党分化组合的冲击

2011 年后，埃及新政党蓬勃发展，尤其是政党数量大增。基于自身政治实力，埃及多数政党都将目光放在议会选举，谋求在各级议会内发挥作用并影响国家政策。同时由于政党数量多、小党多、价值和利益诉求差异较大以及选举竞争激烈等现状，埃及政党的兴衰沉浮变化非常快速。这就促使埃及的不少政党谋求通过政党结盟等方式参与选举，增强政治实力，其中包括全国拯救阵线、"为了埃及之爱"、"埃及呼声"、独立潮流联盟、"埃及阵线"、"埃及万岁"、社会正义联盟、埃及左翼联盟等。上述政党联盟并不稳定，其组成成员随时可能发生变化，而且联盟本身的生存期也不确定。尤其是部分政党联盟可能是为特定事件或任务而成立的，一旦完成任务或面临内部分歧，就可能走向政治上的不活跃乃至解体，进而被人遗忘。从政党联盟的数量来看，左翼性质的相对不多；从联盟的政治立场来看，有一些亲政府或立场与政府相近，进而在政治斗争以及议会内部博弈中倾向支持政府。从埃及政治发展状况来看，支持政府或与政府立场相近的政党、政党联盟往往获得政府的一定支持，这无疑促进亲政府政党联盟的良性发展。而且政府也往往通过一定的政策或人事安排，向特定政党、政党联盟显示善意，使得政府容易获得议会内政党的相对多数支持。

面对政党结盟竞争的现状，埃及左翼力量也持续开展结盟工作，但左翼内部往往分歧较大，难以形成广泛共识和内部团结。尤其是部分左翼政党认为，当前埃及的政治发展对左翼总体不利，坚决抵制政府并不利于左翼的发展，因而可能选择与世俗执政者缓和的立场。其虽然有时仍发出抵制、斗争的呼声并采取一定的政治行动，但总体上扮演一种"集会政党"的角色。面对左翼的内部分化，埃及共产党作为长期不公开活动的政党、思想理念诉求被界定为"极左"的政党以及政治上反政府色彩极强的政党面临较大的政治结盟困难，而且在一些情况下也受到执政当局的较多约束。

第三节 埃及共产党的思想创新和战略战术行动

埃及共产党是一个以马克思列宁主义为指导思想的政党，立足本国历史、民族特性以及国家现状，正在努力推进民族民主革命，以使埃及摆脱对外依赖、经济社会和文化落后、资本主义垄断等局面，争取建成社会主义社会。鉴于埃及当前的政治、经济、社会形势，埃及共产党没有寻求革命的一步到位，而是坚持推进革命，并努力从各个方面为国家的全方位变革奠定基础。

（一）在政治上谋求从深层次推动本国的改革

随着埃及国内政治形势的发展，埃及共产党对政治变革的诉求更为明显、呼声更大，这体现了共产党对民族民主革命的认知不断深化。修宪是该党的一个极为重要的诉求，目的是通过一部强调国家文明、重视所有宗教和信仰的宪法，进而更多体现劳动阶级的权益。该党主张通过修宪推动埃及成为一个基于政治多元化和权力更替并受到法治和制度保障的民主国家，进而实现人民享有广泛的自由，其中包括法律面前人人平等，男女在权利和义务方面平等，具有选举权和被选举权，组建政党、工会及协会等政治和社会组织，以及自由表达思想、信仰自由、自由集会等权利。该党呼吁建立一个议会制共和国，共和国总统和副总统通过自由和直接选举的方式产生，地方政府要努力确保社会大众广泛参与管理和处理地方事务。呼吁确保国家独立，切实维护本国自由和安全，并通过加强军队建设，使其能够更好地保护国家边界和利益以及树立本国威望。认为宗教是人民意识和良心的基本组成部分，对宗教的正确理解可以使其成为一种创造性力量，推动所有人追求自由和幸福。认为鼓吹宗教服务于阶级利益和政治目标，违背了大多数人的利益，并认为煽动宗派纷争威胁到民族团结。呼吁给予青年特别关照，赋予其更多权益，进而更好地发挥青年人作用并吸纳青年参与社会政治服务。

鉴于埃及在 2011 年后出现政治分裂，以及缺乏一个统一、连贯的推动革命的领导层，该党着力推动统一战线建设，以谋求不断扩大共产党的政治影响力。其核心是通过参与选举等重大政治进程，进而努力体现和维护工人利益。该党虽然一开始对选举制度有所不满，但还是公开表达参与选举的意愿，原因是埃及共产党认为议会选举对革命进程具有重大影响。在统一战线建设上，该党优先推动建立左翼联盟，以促进左翼内部团结并将革命斗争引导向更高层次，进而产生更为广泛深刻的政治影响力。同时该党也注意给予其他具有一定共识的政治人物一定支持，以体现党的政治塑造力。如在 2014 年总统选举中，该党对候选人哈姆丁·萨巴希表示一定欢迎。又如参加 2014 年 7 月成立的社会正义联盟，该联盟的共同目标是形成一个广泛的选举联盟，从而在 2015 年议会选举中发出革命的声音，并推动解决社会正义、综合发展、自由与民主以及国家独立等重大议题。但是由于与社会正义联盟在扩大联盟成员上存在一定分歧，该党被迫退出社会正义联盟。2016 年，埃及共产党总书记阿德利推动建立"人民社会正义委员会"，该运动属于一个广泛的阵线，目的是迫使政府改变错误政策，或者至少减轻它们对人民的影响。2018年，该党明确指出，共产党无论参与何种以阵线、联盟或其他形式名义出现的联盟，还是在某些立场上开展协调，都必须以党的战略方针和基本政治方向为指引。此后，该党进一步明确谋求与左翼和进步力量一道，努力实现民族民主革命的三个任务，其中包括推动民族独立和结束对外依赖，实现国家全面发展和正义，以及实现民主过渡。当参与选举已经无法实现埃及共产党的政治目标后，该党即选择抵制选举，如该党抵制了2020年议会选举。当然，抵制选举只是手段，主要目的还是对埃及执政当局施加压力。

（二）在经济上推动改变发展道路

从长远来看，埃及共产党谋求在本国建设社会主义，建立一个没有压迫、剥削、贫穷、愚昧和疾病的社会。自从2011年埃及革命发生以来，埃及共产党及部分志同道合的政党谋求提出一个统一的国民经济和社会发展愿景，作为新的左翼发展替代方案。要达到这一目标，就必须反对和抵制错误的发展路线，因为坚持私有化和新自由主义道路，不仅将导致国家从经济和社会服务领域撤出，带来公共部门服务的减少，而且将导致国家和人民利益受到很大损害。该党强调，国家发展必须重视自力更生，要积极动员并依靠一切进步力量，而不能依赖食利者阶层。谴责资本家、商人及国家政权内部的利益集团相互勾结并维护其既得利益，以延续新自由主义路线。批评上述利益集团与跨国企业等进行合作，利用其共同影响力，掌握资本、市场、原材料并控制媒体，进而强化对埃及各领域的全方位控制。强调失业、贫困等问题始终影响埃及的长期发展，目前还有50%的埃及人处于贫困线之下，任何"稳定"形势的经济路线都无法解决这些问题，而只有通过根本性"变革"的方式才能促进经济的全面发展。呼吁将被掠夺的公司国有化，进而重建一个强大的公共部门，支持生产部门特别是农业部门和工业部门实现平等发展。尤其是在2011年公开恢复活动时，埃及共产党就表示该党将集中维护埃及工人阶级利益，要求建立至少

1200 埃及镑的最低工资制度，结束公司和公共服务的私有化政策，并为在形势变化中被抢劫的公司提供支持。在 2012 年，该党就批评政府没有停止浪费人民的钱财来支持资本主义垄断企业，尤其是政府每年花费超过 900 亿埃及镑为水泥、陶瓷、化肥、钢铁和其他行业工厂提供能源补贴，使得垄断企业继续获得巨额利润。2016 年 4 月，该党继续谴责裙带资本主义在本国的发展，认为裙带资本主义只服务于商人、进口商、利益攸关者，批评新自由主义将埃及带向"黑暗的隧道"。2018 年，该党对过去四年来的外债规模空前上升乃至达到 880 亿美元，以及国内债务达到 3 万亿埃及镑表达不满和担忧，指责执政当局在缺乏透明度以及没有告知本国公民如何使用借贷和偿还贷款的情况下使用贷款是非常危险的。

此外，埃及共产党在宣布抵制选举后，也多次强调其并非反对选举本身，而是反对选举的一些做法，谋求通过进一步动员一切进步力量并通过和平与民主的手段来推动本国改变政治、经济和社会发展道路。

（三）在社会领域强调社会正义

埃及共产党针对社会不公、贫富差距等议题，着重强调社会正义，谋求社会政策更多向劳动者、穷人等倾斜，进而促进社会公平正义。其核心在于公平公正分配社会财富和国民收入并兼顾以效率和个人努力缩小阶级差距，进而为所有有能力的人提供就业机会、失业救济金并让贫困人口过上体面的生活，尤其是在教育、卫生、住房、就业和其他服务领域为所有公民提供平等机会。在 2011 年后，该党就提出当务之急是规定最低工资和最高工资，并将其与物价相联系；取消小农的债务，并提高富人的税收；重新分配预算项目，扩大教育和卫生开支，为低收入人群提供住房等支持。针对新冠疫情对埃及产生的巨大经济社会影响，该党还进一步谋求加强对健康、医疗卫生、社会保险等领域的建设，并谋求通过国家的可持续发展来加强社会保障体系建设。同时对政府的经济社会政策予以批判，认为高物价给穷人和劳动者带来更大负担，强调工资、抚恤金等微薄增长带来的积极效应被严重冲击，并对很多民众的健康权、受教育权受到侵蚀表达不满。该党还重视性别平等，强调要关注妇女权益，促进女性与男性一样享有平等的政治、经济、社会等领域的权利，进而促进社会的全面发展。2022年，面对国家经济社会形势，埃及共产党进一步明确对社会正义的要求，尤其是要求修订好《劳动法》，明确劳动和工资的关系，完善最低工资的调整机制，确保劳动者在工资博弈中的权利；加强社会保障，为非正规工人和家政工人提供法律和社会保护，呼吁修订2019年《社会保障和养老金法》；主张加强税收正义，适当提高免税限额，支持推进累进税制；扩大公民的受教育权，要求政府教育开支按照宪法规定占到国内生产总值的6%，并改进教师的待遇及教育方法，促进技术教育发展；为提升公民的健康权，加强制药业发展，加快医院建设，增加政府对卫生部门的投入，以改善医生和护士的工作及生活条件等。

（四）在外交上强调自主

埃及共产党历来强调国家独立自主、反对外来干涉并倡导外交自主，以打造独立的埃及外交形象；谋求建立一个基于自身发展而非依赖外部援助、一个不受外部干预且与外部世界相互平等的国家。在2011年后，该党更是指出，当前世界的主要矛盾是以美国为首的帝国主义与世界各国人民及其他进步和民主力量之间的矛盾。该党公开反对依赖美国，拒绝与犹太复国主义妥协，谋求恢复埃及在阿拉伯国家、非洲乃至全球的作用，并进一步深化与第三世界国家的关系。鉴于对外部形势和本国外交的认识，埃及共产党反对国际货币基金组织等利用援助和贷款等干涉本国内部事务，反对以美国为首的西方国家干涉本国事务。该党还强调，作为阿拉伯解放运动的一部分，埃及共产党积极支持巴勒斯坦的正义事业，公开反对本国从以色列进口天然气。针对欧洲东部地区的安全形势持续恶化，埃及共产党严厉批评美国及西方盟友扮演的恶劣角色，认为现在是世界各国人民构建世界新秩序的时候，要求实现所有国家和人民享有和平、发展、平等及不受外部力量干预的权利；主张广大发展中国家均有权根据本国利益采取恰当的行动，以选择符合本国国情的发展道路和民主治理形式。

第四节　埃及共产党未来发展趋势

总体上来看，埃及共产党对 2011 年以来的国内发展形势既有肯定的一面，也有批判的一面。尤其是该党认为"阿拉伯之春"并没有取得应有的成果，而且在一定程度上还被抵消掉了。因而，该党谋求持续推动国家的变革，并不断呼吁采取相应的政治行动。但是由于该党力量较为弱小，难以左右国内政治进程，只能坚持政治立场并以较为克制的和平与民主方式开展斗争，以持续积蓄政治能力。

埃及共产党由于对国内政治不满，因而选择抵制有关重大选举活动，但是并没有偃旗息鼓或彻底转为地下，而是继续根据国内政治的发展发声。如 2021 年，埃及共产党政治局委员萨尔维表示，该党并没有缺席埃及的政治生活，中央委员会及其政治局会定期开会并围绕国内形势不断发表声明和看法。此外，埃及共产党还正常开展对外活动，如 2021 年 11 月埃及共产党接待了来访的苏丹共产党，围绕苏丹革命议题进行交流并达成一定共识；2022 年 8 月，埃及共产党庆祝建党 100 周年，隆重纪念该党百年来的历史贡献，尤其是在推动埃及社会主义事业以及为工人阶级利益斗争方面成绩显著。

着眼当前和未来，埃及共产党在具体政治斗争方向上既坚持鲜明立场，以唤醒广大民众尤其是工人阶级对新自由主义危害的认知以及对共产党替代方案的认同，也重视持续开展统一战线建设，以形成更大的斗争合力。尤其是在构建统一战线上，该党表示将继续采取积极行动，协调社会主义政党和政治力量，并基于共同纲领和具体任务进行认真的对话，进而建立战略联盟。同时强调人民是革命运动的力量源泉，将继续开展群众动员和组织工作。为此，该党还重视加强与青年等部分社会群体的对话，以争取引发更多的社会政治共鸣。

埃及共产党对未来斗争方向的把握有其特殊的国情、党情考量，有利于确保该党在特定革命阶段展示自我价值，也促进该党的生存和发展。但其对未来斗争的战略设计和谋划能否取得既定的发展效果，尚待继续观察。

第五章　21世纪以来苏丹共产党的新发展新挑战

苏丹共产党是东北非地区最大的共产党，迄今走过了不平凡的历程，在促进苏丹国家独立以及推动苏丹国家政治发展进程中发挥了不容忽视的作用。该党在艰苦环境中持续探索社会主义道路并开展相应的政治斗争，尤其是自21世纪以来把握苏丹国内政治局势的复杂变化，努力推动群众工作与左翼政治合作，形成广泛的政治联盟，促进建立一个公民民主国家①。当然，鉴于苏丹独特的政治历史和现状，苏丹共产党相关探索和努力也受到一定的约束和限制，难以实现重大突破，但是并不妨碍该党在困境中进行探索和发展。

第一节　苏丹共产党的历史发展演变

为摆脱英国殖民者的统治以及受埃及国家独立运动影响，1946年一批苏丹知识分子和青年学生组建了苏丹民族解放运动，旨在将马克思主义与民族解放事业相结合，以推动反殖民主义斗争。成立之初，

---

① 苏丹共产党采用"公民民主国家"的提法，总体主张建立一个真正民主、公平、富强的国家，保障人民的基本权利，实现经济社会的全面进步，促进社会公平正义，不断增强国家的综合实力以及地区和国际影响力。

苏丹民族解放运动就积极与工人建立密切联系，支持组建工会并开展集体斗争。1956年1月苏丹国家独立后，苏丹民族解放运动积极争取建立一个民主国家并保障全体人民利益。1956年该运动决定改名为"苏丹共产党"，以推进民族民主革命，并谋求推动政治、经济、社会等领域的变革，从而实现国家可持续发展。但是当时苏丹经济社会问题严重，政治混乱、种族冲突和政治镇压频繁发生。1958年，苏丹军政府禁止政党活动。在此背景下，苏丹人民的抗议示威活动不断发生，工人、农民等群体持续开展反政府斗争，尤其是在1964年10月31日的革命中，苏丹共产党发挥了极为重要的作用。1964年革命的成功不仅助推了苏丹民主政治的发展，而且促进苏丹共产党取得了一些胜利，还推动社会主义思想在苏丹得到更多认可。在1967年四大上，苏丹共产党进一步完善党的思想和政策纲领，认为马克思主义政党对国家的领导并不意味着必须坚持一党制，社会主义民主建立在人民享有个人和集体言论自由、思想自由的基础上并得到人类解放的助力，要努力纠正英国殖民时期一些不合理的经济社会制度。苏丹共产党的不断发展引发了苏丹其他社会、政治和宗教等力量一定程度的不满，并引发社会上的一股反共潮流，进而导致共产党遭到取缔，其活动被迫转入地下。

　　在20世纪60年代末苏丹发生政变后，苏丹共产党对新成立的军政府虽然评价不高，但是对其采取的一系列倾向社会主义的政策，如对外资银行进行国有化、与社会主义国家发展经济关系等，也予以一定程度的认可，因而表达出加强合作的意愿。部分苏丹共产党领导干部也加入了当时的苏丹军政府，并推动军政府通过"6月9日宣言"，进而第一次确认了南方区域自主的原则。但是随着军政府的持续执政，苏丹共产党与军政府的关系也日渐疏远，双方围绕对革命斗争的主导权以及政治控制权进行了激烈斗争，尤其是随着军政府打击苏丹共产党附属组织，苏丹共产党员也逐步被驱逐出军政府，甚至遭到武力镇压，导致苏丹共产党与军政府关系彻底破裂。

1985 年苏丹人民通过罢工和抗议等方式推翻军政府，其中苏丹共产党积极联合其他政党并组织工会采取联合行动，发挥了积极作用。但是由于工人阶级的作用受到削弱，难以主导政变后国家局势，使得斗争的胜利果实被苏丹军队掌握。1986 年苏丹共产党参加独立以来第一次民主的全国议会选举并获得三个席位。1989 年，苏丹再次发生政变，奥马尔·巴希尔将军掌握政权，并逐步按照资本主义选举政治方式推进总统和议会选举。面对新的形势，苏丹共产党于 1989 年参与了全国民主联盟，这是一个以推翻巴希尔政府为主旨的广泛统一战线组织，囊括苏丹南北政党、工会等社会政治力量。同时全国民主联盟还谋求彻底改变苏丹国家经济社会和政治结构，以重构国家。后因全国民主联盟领导人无法在苏丹境内活动，进而转移至开罗等地活动。20世纪 90 年代初，苏丹共产党虽然在国内受到压制，但是仍努力在国内外开展政治活动，其军事力量也配合包括全国民主联盟所掌握的军事力量在内的其他军事力量开展行动，只是未能取得明显的成果。当然，苏丹政府也难以彻底消灭全国民主联盟。

在苏丹政府与苏丹人民解放运动 2005 年签署《全面和平协议》后，苏丹共产党也与其他一些遭受政府打压的政党一样恢复了公开活动。当然，苏丹共产党的活动受到较多限制。2011 年，在南苏丹宣布独立前，苏丹共产党同意党内的南方局独立成为南苏丹共产党。这在一定程度上削弱了苏丹共产党的整体力量。2013 年苏丹共产党获得正式注册。对 2015 年苏丹总统大选以及政府为推进大选举行的全国政党对话，苏丹共产党予以否定，并拒绝参与全国政党对话。在 2019 年苏丹发生政变并推翻巴希尔政府后，苏丹共产党参与变革进程，并努力推动国家转型。

第二节　21 世纪以来苏丹共产党的社会主义探索

苏丹共产党由于长期以来遭受国内政治打压，经常处于秘密运作状态，加之不少领导人流亡海外以及党内的思想和路线分歧难消，党代会难以正常召开。在 2005 年《全面和平协议》签署以及苏丹共产党公开恢复在苏丹国内活动之后，该党开始加强对社会主义的探索，以推动改变国内政治进程并促进实现党的民族民主革命目标。

（一）苏丹共产党五大进一步展示党的社会主义立场

2009 年，苏丹共产党在深入反思苏东剧变教训基础上，时隔 42 年召开党的五大。此次大会着重完善党章并制定党的政策计划，大约 500 名党代表参加，苏丹主要政治力量都派人出席祝贺。苏丹共产党与会代表以马克思主义为指导，客观看待本国在政治、经济、文化等领域面临的问题，经过持续的讨论，达成广泛共识，以争取苏丹人民的支持，旨在为建设一个自由、民主和统一的苏丹并实现和平与社会正义而奋斗。

苏丹共产党五大认为，随着该党的成立，有组织的苏丹革命运动依托马克思主义应运而生并努力通过群众斗争来实现社会主义。马克思主义是一门科学，不是一种僵化的学说，要以开放的态度用集体思想来吸收它，然后利用它来研究、理解和改变苏丹的现状。民族民主革命任务的完成将为苏丹进入社会主义转型阶段打开大门，因此实现社会主义只有一条道路的说法是站不住脚的。科学社会主义是各国人民革命经验的总结，体现了不同国家的社会主义探索与实践。苏丹共产党提出了更新社会主义计划，强调其寻求的社会主义基本特征包括：将人类从剥削中解放出来，废除阶级特权，实行生产资料公有制，奖励劳动者，建立由工人阶级、农民和革命知识分子组成的政党和政治组织并构建广泛的联盟，实现多元民主政治，促进男女平等，以及消除民族迫害和种族文化优越感。总体来看，该党公开承认苏丹的多元化和多样性现实，强调这意味着多元民族民主革命和向社会主义过渡的任务只能通过民主方式来完成并以维护民众的政治权利为诉求。

苏丹共产党五大还认为，依靠全球资本主义的苏丹未能摆脱本国落后的面貌，因为其未能整合苏丹经济体系，形成统一的国家市场并促进国家经济独立。

自 20 世纪 70 年代以来，苏丹经济政策旨在弱化国家的经济作用。这始于国际货币基金组织和世界银行的干预以及直接监督苏丹经济政策的制定和执行，然后随着巴希尔 1989 年上台执政并实施新自由主义改革而延续。苏丹共产党认为，解决苏丹国家落后的问题以及扭转苏丹对全球资本主义的依赖，需要实现结构性转型并促进提升国民经济的自我发展能力；需要加强国家现代技术发展，提高生产力，促进有效利用资源，进而实现国民经济的一体化发展；需要促进人民广泛参与制定和执行政策，以实现发展目标；需要通过民主发展和社会正义，来推动苏丹各地区以及每个社会成员的发展，进而推动各地区享有经济社会平等发展的机会；强调实施资源国有化政策，促进不同地区内部以及地区之间的经济社会一体化合作关系。苏丹共产党指出，真正平衡的民主发展有利于维护国家统一和促进社会和谐，有利于国家坚持自力更生发展之路，并使其对外关系服从于发展目标。此外，苏丹共产党五大还对 1967 年至 2008 年期间的国家经济发展作出评估，认为要改变出口结构过于依赖单一商品（以前棉花出口占比 60%，现在石油出口占比 80%）的情况，推动市场多元化和出口多元化；要推动改变资本主义积累的方式，从而促进工农业复兴。该党认为，解决上述问题无疑需要工人阶级的参与并切实维护工人阶级利益。

（二）苏丹共产党六大对民族民主革命作出清晰规划

2016 年 7 月，苏丹共产党六大深入分析了 2009 年五大以来的国家经济社会和政治发展状况，强调苏丹面临更大的发展挑战，尤其是随着南苏丹的独立，苏丹危机逐步达到顶峰，这导致苏丹面临更大的国家失败风险。认为寄生资本主义与政治威权相结合并掌握国家权力，使得苏丹日益沦为初级商品出口国，尤其是在南苏丹独立和 75% 的石油产量被剥离之后，苏丹经济正在转向依赖黄金。六大重申苏丹资本主义已经走向失败，尤其是经济自由化导致农业和工业的衰败，而贪腐、对国有资产的掠夺、对劳动的剥削则成为苏丹资本主义积累的主要方式。苏丹共产党倡导实施《国家民主发展战略》，意图通过加快国家积累，夯实国民经济基础，其中包括遏制经济盈余流失国外、减少对寄生资本主义的依赖、打击腐败、消除内战风险、下调政府行政和军事开支、发挥银行系统作用等。主张发挥国家在民主发展中的作用，不仅是制定政策、计划并加强监督，而且要推进生产。在强调国家在经济发展中重要作用的同时，对私有化予以抵制，推动审查一些国有机构或部门作出的私有化决定。私营经济需要承担社会责任，保障工人自由，提供有竞争力的工资，并促进保护环境。重视和推动合作社运动，注意利用大规模生产的优势，增加生产者的能力，保护他们和消费者免受商业资本的剥削并减轻其生活负担。社会大众也要发挥自身主动性，积极参与国家民主法治建设，进而实现经济发展造福于民，不断扩大民间积累。

苏丹共产党六大指出，苏丹仍处于民族民主革命阶段，其面临的问题比以往任何时候都更加紧迫。解决这些问题是实现苏丹和平、民主、平衡发展以及维护国家统一的唯一途径。民族民主阵线是完成民族民主革命任务的主要工具，建立这个阵线是党的一项基本职责。群众参与民族民主革命，不是要等到阵线完成建设或夺取政权，而是要通过有组织的群众行动，落实民族民主纲领中反映大多数群众利益的项目，其中土地改革是核心项目。为此，苏丹共产党坚持推翻现政府，从而让人民摆脱被压迫的状况，并为国家机构赋权。强调民主是解决国家面临的全方位危机的关键，承认多元化是一种政治表现形式，多样化是一种社会和文化表现形式；认为基于正义、公民平等、尊重个人和集体权利原则的司法独立和法治是推进民主和良政的重要基础；重申苏丹革命坚持和平民主道路，大力推进以公民身份为基础、尊重政治和文化多元化以及民主斗争方式，坚决反对各种类型的政变和一切针对政治和民众的暴力，并再次拒绝政府主导的全国对话和政治解决方案。

（三）对苏丹街头革命及随后政局变化的认知

2018 年 12 月，苏丹因为物价上涨引发的社会抗议进一步转变为街头革命，由医生、律师和记者等组成的新组织——苏丹职业人士协会开始崛起并号召推翻巴希尔政府，随后更多的政治组织联合发布《自由与变革宣言》，谋求用过渡政府取代巴希尔政府。随着苏丹国内政治、经济和安全等领域形势的持续恶化，苏丹军队于 2019 年 4 月罢免总统巴希尔。2019 年 7 月，苏丹军方与由 5 个政治团体组成的"自由与变革力量"达成协议，确定设立 39 个月的过渡期并成立包容各方的过渡政府。2020 年 10 月，苏丹有关政治力量又在南苏丹首都朱巴签署了《朱巴和平协议》，新增 2 个武装派别加入政府并将过渡期延长至 53 个月。2021 年 10 月 25 日，苏丹军方扣押过渡政府领导人，导致苏丹进入紧急状态，修宪进程暂停，以及苏丹有关政府机构和地方州州长被解除职务。在苏丹街头革命之后的苏丹政治局势演变中，苏丹共产党围绕革命走向以及国家未来发展持续发声并进行了坚决的政治斗争。

如 2015 年，苏丹共产党针对国内经济形势，明确提出革命的不同阶段理论，认为该党的战略是全力以赴利用各种力量和资源来推翻巴希尔政府。2018 年 4 月苏丹共产党中央政治局就国内局势以及快速变化的政治局势发表声明，认为仍存在通过政治方式解决或通过激进方式解决两个路径，要求通过组建一个由革命力量组成的为期四年的全国过渡政府，以完成打倒旧政权并进行政治清算等任务，从而为建设民主国家奠定基础。反对放弃斗争的主动权以及媾和，并谋求通过激进的方式解决国内政治危机。同年 12 月 5 日，苏丹共产党中央政治局发表声明，指出解决目前苏丹全国危机的唯一方法是推翻巴希尔政府，并引入人民民主替代方案，进而为完成民族民主革命的任务铺平道路。该党还称所有兄弟政党均表示支持和声援苏丹人民争取民主、社会正义与和平的斗争。

　　2019年之后苏丹政治局势进入快速发展和演变期。2019年4月苏丹共产党中央委员会讨论政治局势和事态发展的文件，肯定了2010年以来该党政治路线的政治正确性，称赞来自全国各个阶级、年龄和性别的民众都参与到同政府的斗争中，而且在上述斗争中涌现出不少新的政治组织，这些组织还在示威、静坐、集会、罢工等活动中表达了支持民众的立场。2019年7月，苏丹共产党宣布不参加过渡政府，认为其"既不能满足革命的愿望，也不能实现革命的目标"。并且，该党"呼吁继续开展大规模行动"，直至军政府被迫为真正的文官政治让路。2020年10月，苏丹共产党为推进革命事业和加强群众工作，谋求加强党在群众运动中的作用，以提高党组织的组织和活动能力以及增强群众开展组织斗争的自主意识。同时指出党内不熟悉马克思列宁主义思想和党的文件精神的党员，难以有意识地开展斗争。2021年6月，苏丹共产党倡导恢复革命之路，建立公民民主国家，进而实现国家和平、多元化以及改革武装部队。2021年9月，针对苏丹可能再次发生政治剧变的状况，苏丹共产党号召人民群众保持警惕，并准备好以一切和平手段对抗国内外敌人的阴谋。苏丹共产党还协同抵抗委员会、职业人士协会以及工会，设法组织和动员群众，开展大规模抗议活动，防止局势进一步恶化。

　　2021年10月苏丹军方解散过渡政府后，苏丹共产党立即明确自身政治立场，声称苏丹人民进入争取打败军政府和建立人民政权斗争的关键阶段，要求废除紧急状态法及随后实施的一系列严厉法律，立即释放所有政治犯，呼吁尊重和平抗议行动的权利，呼吁所有兄弟政党、民主进步政党和政治组织继续采取团结一致行动。苏丹共产党还认为此项军事政变使苏丹遭遇了经济崩溃，民众生活水平前所未有地恶化，强调目前不可能与苏丹当局进行真正的对话，并呼吁革命力量团结起来，推翻现政权，进而为在苏丹建立真正民主的新过渡时期铺平道路。

第三节　苏丹共产党 21 世纪以来的左翼政治合作

面对相对不利的政治局势，苏丹共产党为持续推进民族民主革命，广泛动员工人阶级以及左翼进步社会政治力量，为形成广泛的左翼力量发挥作用。

（一）积极争取动员和组织人民群众

苏丹共产党历来认为其进行的政治斗争具有人民性和阶级性，因而注重教育和动员人民群众，进而汇聚广泛的人民力量。21 世纪以来，苏丹共产党进一步扩大群众工作面，加强与群众的沟通与联系。如 2011 年苏丹共产党中央政治局强调，除了继续做妇女、学生和专业人士工作外，还要在社区、工作场所等地开展基层工作，并通过游行、示威、请愿等方式，充分反映群众的需求，进而不断提升群众工作成效，最终促进群众工作的全面复兴。2012 年 12 月，苏丹共产党重申致力于通过群众政治斗争推翻巴希尔政府。2013 年，在苏丹私有化进程中，苏丹共产党决定尝试开展不同形式的群众工作，其新的策略是基于工作场所、社区及学校等机构的群众组织组建抵抗委员会，进而促进不同社会单位的群众组织构建网络，并吸引律师、教师、工程师、医生等参与和支持群众性抵抗活动。当然，苏丹共产党还将工人阶级和农民继续作为群众工作的中心力量，协调他们在社区以及工作场所的活动。2015 年，苏丹共产党在《苏丹论坛报》发表声明，强调要利用群众的不满情绪，推动形成一个广泛的阵线，并借助公民不服从运动和罢工活动来推翻巴希尔政府。2016 年苏丹共产党六大指出，为了组织人民和形成必要的战斗力量，该党重视组织群众开展集体行动的重要性，并注重借助关心群众利益和组织群众等方式，使得群众过上体面的生活；谋求通过动员工人阶级并推动他们参加反对巴希尔政府的斗争，实现该党的政治目标。

在 2018 年苏丹街头革命中，苏丹职业人士协会发挥了重要的组织作用,同时苏丹共产党也注意发挥自身工作优势,积极参与声援和引领部分群众性运动,尤其是鼓励抵抗委员会组织群众斗争,进而成为广泛的反政府联盟的重要组成部分。该党还采取措施,努力成为引领广泛阵线的有组织力量,包括同在农村建立农民联盟一样在工作场所建立工人阵线以及扩大建设民族民主阵线。为此,该党持续加强与群众的沟通工作,并以此为基础推进大统战工作。针对上述工作,该党派遣中央委员会委员下沉到基层党组织工作,进而加强基层党组织的工作能力。通过上述努力,苏丹共产党在组织或参与罢工等群众性抗议活动中发挥了不同程度的作用。2020年,苏丹共产党还积极推进党的队伍建设,以努力推动工人阶级和农民形成联盟;继续强化自身在知识分子、民主青年、学生以及妇女运动和其他功能联盟中的作用,认为由此推动建立民族民主阵线,可以推动群众在漫长的政治斗争过程中保持团结并结成广泛的联盟。

(二) 参与左翼政治合作

苏丹共产党鉴于国内政党政治的复杂发展态势,注意借助部分左翼政治力量并开展政治合作,进而努力汇聚左翼的更大合力,尤其是坚定实现左翼政治合作目标的原则性,同时保持一定的战术灵活性。在2011年南苏丹独立后,苏丹国内经济社会和政治局势面临更为严峻的情况,国家发展困局凸显。2012年7月,为反对巴希尔政府,苏丹共产党、人民大会党及乌玛党签署了《民主替代宪章》,谋求通过各种和平的政治手段推翻全国大会党,并建立一个公民民主国家。2014年8月,苏丹共产党与立即改革党发表联合声明,强调要把握历史机遇,推动包括各方在内的全面对话,以解决国家危机。2016年,苏丹共产党六大指出,该党要与盟友建立最广泛的政治和社会阵线,以推翻巴希尔政府。

自从2018年12月苏丹发生街头革命并推翻巴希尔政府以来,苏丹各种政治力量的分化组合加速演进,进而推动苏丹政治局势发生演变。其中，2019 年 1 月苏丹职业人士协会等数个政治团体组建"自由与变革力量"，苏丹共产党也参与其中，该组织对 2018 年以来的苏丹政治演变发挥了重要作用。对于"自由与变革力量"的政治立场及组织机构建设，苏丹共产党存在不同看法，认为"自由与变革力量"妥协性较强，不支持其改组为一个统一的机构，担心由此可能破坏各成员组织的独立性。对苏丹过渡政府的部分政策如经济改革政策等，苏丹共产党也表示不满。2020 年 11 月 7 日，苏丹共产党宣布退出"自由与变革力量"，原因是不满该组织对军队在社会和政治中发挥的作用持妥协态度，苏丹共产党表示将与革命力量合作，并对群众事业以及革命的目标和纲领表现出兴趣。2022 年 7 月，由苏丹共产党领导、部分公民和工会团体参加的新政治联盟"彻底变革宣告"成立，并声称"自由与变革力量"以及苏丹革命阵线不会成为新政治联盟的一部分。新成立的政治联盟要求立即建立一个文官政府，推动军队返回军营；呼吁结束苏丹的经济不发达状态，建立一个以公民为基础的文官政府，进而实现真正的独立并结束该国对帝国主义的依赖。

第四节　总结

苏丹共产党已经走过 70 多年的发展历程，其内部受历史因素影响始终存在不同的思想争议，这在一定程度上影响到该党的内部团结以及政治能量的发挥。同时由于该党长期受到政治压制，其主要支撑群体相对局限于大学教师、青年学生、医生、律师等专业人士。进入 21世纪，该党重视群众工作，尤其是加强与工人阶级和工会的联系与合作。

巴希尔政府垮台后，苏丹政治局势突变，苏丹国内的改革派、保守派以及左翼进步力量等对如何看待与军方的关系存在分歧。苏丹共产党谋求推动民族民主革命持续发展，进而实现革命的目标，因而反对妥协，与改革派力量的分歧日益扩大，这导致苏丹共产党面临越来越大的政治压力。

如何争取最广大人民的理解和支持成为苏丹共产党目前面临的突出政治任务。因为苏丹独立以来，尤其是近几十年来苏丹的社会结构发生了巨大的变化，既有富裕阶层，也有中产阶级，还有大量的贫困阶层。在反对巴希尔政府进程中，苏丹各地参与斗争的群众群体也有所差异，如在喀土穆，参与斗争的主要以中产阶级、年轻的专业人士和大学生为主，并谋求政府提供更多社会福利，其斗争往往具有和平的特征。上述斗争经过社交媒体的传播而被放大，进而引起广泛的关注。而在其他贫困或边缘地区，群众斗争以工人、农民和贫困学生为主，他们对当前的生活十分不满，于是采取了更为激烈的斗争方式。此外，不少外部力量也持续干涉苏丹国内政治局势，目的是阻挠苏丹的民主化进程。鉴于此，苏丹共产党需通过争取广泛共识来扩大社会支持，以推进激进的变革。

如何进一步推进左翼政治力量合作也是苏丹共产党面临的另一个重要难题。苏丹不同政党、政治力量之间的理念和政策分歧较大，相对于其他政党或政治力量，苏丹共产党在很大程度上面临资金不足、政治运作环境不利等困难，无论是在政治谈判和博弈上，还是在选举竞争上都有着不小的劣势。尤其是在退出全国共识力量和"自由与变革力量"之后，苏丹共产党牵头的"彻底变革力量"虽然展示了斗争的坚决性以及实现既定政治目标的坚定性，但是也面临如何巩固和提升政治能力的问题。这不仅关系到苏丹共产党自身的发展，而且关系到苏丹政治局势的未来演变走向。

第六章　21世纪以来南苏丹共产党的理论探索与现实发展

南苏丹共产党脱胎于1946年成立的苏丹共产党，原系苏丹共产党南方局，与苏丹共产党同宗同源。2011年年初随着南苏丹独立成为定局，苏丹共产党内部也开始酝酿南北分家。同年6月25日，南苏丹共产党在南苏丹独立后不久宣布成立。该党在成立之时就终止南苏丹共产党员作为苏丹共产党员的资格，并选举产生新的中央委员会和书记处。随后，南苏丹共产党和苏丹共产党举行联合新闻发布会，宣布两党自愿分离。十多年来，南苏丹共产党虽然力量较弱，政治影响有限，但是也注意根据本国政治、经济、社会及对外关系等发展变化，不断提出针对性的政策倡议和举措，以推动国家向着有利于经济发展、社会安定和民族团结的大方向发展。但受内外因素影响，上述主张尚未得到有效的社会支持并产生较好的政治效果。

第一节　倡导开启不同于资本主义的发展模式

南苏丹共产党认同马克思等无产阶级革命导师的思想理念，认为必须消灭人剥削人的制度，促进工人阶级掌权并掌握生产资料。在国家独立后，南苏丹共产党围绕新生国家发展道路和方向不时发声，倡导要建立一个公民民主国家，谋求推动民主规则得到广泛实行。南苏丹共产党强调，要改变多数南苏丹人贫困落后并饱受疾病、战争之苦的状况，并努力向有能力的人提供体面工作、为流离失所的民众提供住宿。该党认为，工人阶级不管出现何种变化，都难以改变资本主义的剥削性质，也无法改变工人阶级的地位，需要采用非资本主义的发展模式，来推进本国发展以及改变西方主导的国际机构掌握南苏丹经济的局面，以促进建立经济均衡发展的民族国家，进而为南苏丹人实现经济富足和社会正义奠定物质基础，并为南苏丹后代过上更加美好的生活创造条件。该党指出，只有南苏丹共产党才能适应历史需要，要制定一个充分反映南苏丹人民利益并促进国家发展的民主纲领，以实现权力和财富的分享，并让所有南苏丹社区都免费获得行政、卫生、医疗、教育等服务。

针对独立后国家发展落后、产业稀少、民众贫苦的局面，南苏丹共产党持续强调要推动改变本国的不发达状态，尤其是借助产业结构的调整、构建统一的市场及相对独立的经济来促进经济的可持续发展。其核心理念是处理好市场开放带来的经济扭曲现象，加快经济结构改革，推动经济多样化，提升经济自主能力，以实现可持续发展。为此，南苏丹需要用好现代技术，不断提高生产率，以促进国民经济体系的日益完善。上述诉求集中体现了南苏丹共产党的替代发展方案，此替代发展方案旨在让人民广泛参与国家事务，以发展带动解决国家和人民面临的具体问题，进而推动人民成为发展的最大受益者。

具体而言，南苏丹共产党替代发展方案将工业化置于核心位置，强调发展是推动国家前进的根本议题，谋求从根本上解决制约国民经济所有部门发展的难题。这就需要提升包括传统工业、现代工业在内的工业部门机器利用水平以及技术使用水平，进而不断提高生产力。制造业可以发挥自身的特点，不断扩大其生产基础，并为工业化提供必要的机器、设备等支持，进而加速工业化进程。石油部门作为国家经济核心，应不断扩大石油收入的受益方并促进石油生产基地的多样化，不断提升相关行业与部门的实力，以减少贸易逆差并为国内其他产业的发展提供有力支持，以进一步夯实国民经济基础。同时，南苏丹不同地区在经济社会发展等方面应享有平等机会，应给予遭受战争、自然灾害等灾难的地区一些特殊优惠待遇。这需要通过有效使用国家收入盈余，并根据国家发展战略的优先事项来配置资源。

南苏丹共产党替代发展方案尤为重视不同参与者的角色和作用。其一，赋予国家更为积极的作用，强调国家不仅在制定、实施和完善战略、政策等方面具有极为重要的作用，而且可以监督和评估经济发展，从而切实保障经济的平稳运行。特别是鉴于南苏丹当前私营经济相对薄弱、外国资本投资相对集中于有利可图产业的情况，政府更应该发挥资源配置的优势，平衡推进国家发展的诸多优先事项。当然考虑到本国的经济管理水平和经验，政府部门也需要不断提升管理水平和自身效率，以增强引领国家发展、推动国家均衡发展的能力。政府还要对一些边缘行业或领域予以特殊照顾，以确保相应资金、技术和人力资源等配置到位。这些要求国家预算应根据国家发展战略的优先事项，在重新分配国民收入方面发挥关键作用。其二，促进私营经济的发展。在发挥国家作用的同时，不断提升私营经济活力，上述诉求并非自相矛盾，这是因为私营经济不仅创造了不少就业机会，而且提供了可观的税收。对于本国私营经济，国家还要制定相对完善的支持政策，并对国家公权力进行约束，以确保其更好地应对国外资本的冲击。其三，重视发挥合作社的功能。南苏丹是一个落后国家，作为小生产者的农民、牧民、工匠等数量庞大，他们需要汇聚到形形色色的合作社运动之中，只有如此才能发挥大规模生产的优势，并提高生产效率，进而保护他们免受大资本的冲击以及获得更好的收入。当然，其他所有权经济主体也应受到关注并在合法的基础上受到保护，由此才能汇集各方面力量促进国家发展。其四，对于外国贷款、投资要予以正确认识和利用，既要利用国外优惠贷款来缓解国内资本短缺的问题，也要不断提升国外贷款管理能力，进而使贷款成为促进国民经济发展的动力以及吸收国外先进技术的重要渠道。

为保证替代发展方案的实施,南苏丹共产党还特别强调发展民族文化。其核心是推动文化民主革命,用马克思主义的思想和实践来教育民众,促进民众放弃各种宗教激进主义、沙文主义和狂热主义。通过加强民主文化,带动广大人民形成科学认知和民主意识,捍卫本国的传统文化。青年接受民主文化,可以不畏惧面临的困难,积极担当国家发展的先锋力量。借助民主文化和人类先进思想,南苏丹可以迎来更好的发展,并向社会主义迈进。

第二节 在艰难困苦中开展政治活动

南苏丹作为新生的国家,2023年人口约1200万,但政党数量却不少,大约有50多个,其中在司法部注册的政党有14个。南苏丹2012年《政党法》要求每个政党至少在全国8个州中分别招募500名创始成员,同时满足提供基本文件、召开党代会和选举产生党的领导人等条件,才有可能注册成功。这就使得南苏丹的政党注册难度很大,因为多数政党属于"公文包政党",党员数量不足。多数小党更多倾向于通过动员群众而不是解决国家问题来运作,其中不少政党从未参与选举或没有获得过议会席位。南苏丹有影响力的政党不多,主要政党为苏丹人民解放运动与其盟友以及苏丹人民解放运动反对派。南苏丹共产党从国家独立开始就未能进入政治主流,并且面临执政党和政府不同程度的限制。如2012年该党总书记约瑟夫·沃尔·莫德斯托等多人前往湖泊州与基层党组织、群众会晤时遭到逮捕,理由是未经当地政府许可,后来他们虽然被释放并被允许开展政治活动,但其政治运作也受到不少影响。

面对上述情况,南苏丹共产党努力克服困难,发展基层组织。同时积极接触进步和民主力量、公民自由和人权支持者、妇女权利支持者、劳苦大众以及其他弱势群体,积极为民发声。例如,针对生活必需品价格上涨、社会不公现象，该党及时公开表态，体现对工人阶级等弱势群体的利益维护。如 2017 年，针对联合国机构公布的南苏丹饥饿、缺粮、流离失所等具体问题，南苏丹共产党倡议组建"南苏丹人民救济全国委员会"，其中包括民间组织以及具有不同政治、社会和宗教背景的个人，这一举措可以被视为对地方、区域和国际机构正在作出努力的补充。针对国内普遍的反贪腐诉求，南苏丹共产党积极要求加强对公共资金使用的问责制和透明度，对腐败案件进行调查并公布调查结果。对于国内一些媒体及媒体工作者遭受不公正待遇，南苏丹共产党及时予以声援，呼吁政府放开媒体管理，给予更多的新闻自由，并强调新闻自由不仅是当前诉求而且也是未来的诉求。针对南苏丹法官因为改善待遇要求得不到落实而持续开展罢工活动，南苏丹共产党也表示认可通过和平罢工方式维护合法权益的诉求，呼吁政府满足法官的所有要求并维护司法公正。

此外，南苏丹共产党还注意利用本国民间组织发展较快的现状，重视回应青年抱怨等机会，牵头或协同部分民间组织开展活动，乃至组织一些抗议活动，从而体现共产党的社会影响力和动员能力。

第三节　努力推动有条件的全国对话

南苏丹共产党虽然成立时间不长，但是在成立之初就明确要建立以南苏丹人为基础的广泛政治联盟，进而致力于推动实施国家民主纲领以及营造推动南苏丹变革的氛围。尤其是努力推动多样性成为国家力量源泉，促进国内形成共同的历史和文化认同，同时尊重少数群体的权利，进而构建统一的民族国家。因而，该党积极强调要结合南苏丹的国情以及历史文化等特点，在事关国家发展的各方面问题上听取和尊重各方意见，并努力形成广泛共识，以免造成恶劣的政治影响。

南苏丹在独立之初就因为权力和利益出现较多纷争，如南苏丹新政府在宣布建国之后近 50 天才产生，尤其是执政党苏丹人民解放运动内部分歧不断显现，在时常引发政治斗争的同时，还激发国内军事冲突。这导致独立后亟待解决的贫困、失业、疾病以及人民生活水平下降等问题更加严峻，因而南苏丹共产党一开始就认为，权力斗争是引发国内斗争并激发暴力冲突的因子，可以说权力斗争的本质是通过军事手段来获取和巩固权力。南苏丹共产党谋求冲突各方不设前提条件的停火，指出南苏丹目前没有一个政党能够独自将所有人民团结在一起，只有加强政治多元化才能引领更为美好和团结的南苏丹。苏丹人民解放运动内部冲突不只是该党自身的问题，还是全国性问题。强调对话是处理政治分歧的切实可行方案，也是避免军事对抗并促进政治解决冲突的替代方案；强调解决政治分歧时需要借助非暴力和民主手段，要求通过全民对话以及各政党都参加的全国政府达成最低限度的政治共识。该党对于涉及本国冲突的主要政治和军事力量在谈判和对话中经常不同意引入国内其他政治力量和民间力量表示反对，认为对话应该是各方参与，尤其是专业人士、教师、学生、工人、青年和妇女等群体都应该被纳入对话和谈判进程，而不仅仅是冲突的双方以及各自的盟友参加，这样不仅可以扩大和平谈判的参与度，而且有利于构建更为包容的全国性共识政府，从而推动本国发展步入正轨，并开启国家发展新阶段。在2017年南苏丹政府宣布发起全国对话后，南苏丹共产党总书记莫德斯托虽然一度对对话表示质疑，但表达了该党原则上支持全国对话的立场，也希望在实践中为对话创造更好的条件，其中包括停火、解除紧急状态以及使人民获得更多自由等。在相关要求得不到满足的情况下，南苏丹共产党表示不会参与全国政治对话。此外，该党始终支持联合国安理会以及东非政府间发展组织等发挥作用，进而为南苏丹的稳定和政治谈判创造有利条件。

对于南苏丹重振和平协议各方宣布将内战后过渡期延长两年，从而导致该国和平协议的结束期被推迟到2023年2月，苏丹共产党颇有不满，认为这违反了和平协议条款，而且南苏丹过渡政府将选举过渡期延长24个月也缺乏法律依据。如果南苏丹政府不愿意实施和平协议，就没有延长的必要。尽管南苏丹共产党没有签署和平协议，但是为了显示团结姿态和展示自身贡献，该党随后表示，同意接受和平协议的延期并希望协议签署方遵守协议精神、协议担保方也要切实跟进协议落实情况，以确保协议得到充分落实。同时，南苏丹共产党也要求在新的过渡期，能够成立技术官僚看守政府或混合看守政府，从而确保接下来的全国大选更加自由、公正和透明。

第四节　重视对外交往和本国对外关系

南苏丹共产党重视对外关系，努力推进对外交往，与苏丹共产党、塞浦路斯劳动人民进步党、南非共产党等保持较多的联系。2011 年，南苏丹共产党成立后积极参与建于 2008 年的非洲左翼网络论坛，其目的是通过与非洲进步力量联合，深入探索社会主义路线和斗争策略，并协同一些兄弟关系政党或政治组织围绕有关国家政局动向相互声援，以提升政治斗争的影响力。2013 年，该党还参与在布鲁塞尔召开的共产党和工人党国际会议，发表对当前国际形势以及本国政治形势的看法。围绕苏丹内部的政治形势发展，南苏丹共产党也声援支持苏丹工人阶级斗争等。由于该党的积极对外交往，其开展的政治斗争也获得国外共产党和进步力量一定的声援和支持。比如，2018 年南非共产党与南苏丹共产党围绕南苏丹国内形势及南北苏丹关系交换意见，南非共产党对南苏丹共产党的有关立场表达支持。针对南苏丹国内政治形势以及南苏丹共产党遭遇的不利政治环境，人民世界等左翼网站也积极协助传播南苏丹共产党的政治诉求，帮助该党扩大国际舆论影响力。

南苏丹共产党对联合国、非盟、东非政府间发展组织等国际和地区组织促进本国的和平与稳定总体态度积极，欢迎其介入本国政治对话与谈判，以促进国内摆脱战争，进而为本国和平发展奠定良好的政治基础。该党支持妥善处理与苏丹的关系，推动边境地区安定，进而为本国发展营造更好的周边环境。对于本国发展中遭受到的一些外部力量干涉，该党也积极表态，谋求通过建立独立的经济体系来摆脱西方主导的世界银行、国际货币基金组织等对本国发展道路的干涉。该党针对国际货币基金组织 2016 年与南苏丹政府达成的援助备忘录做出专门回应，认为目前南苏丹的经济危机是由国际货币基金组织强加给南苏丹的依附资本主义政策所导致的，国际货币基金组织给出的"药方"不适合南苏丹国情。为此，南苏丹共产党还提出了替代性方案，强调要克服开放市场政策带来的不发达状态和经济扭曲，推进有意识和持续的发展，深化结构转型，发挥国家的主观能动性，促进经济基础多样化，并在各部门内部以及各部门之间建立诸多稳定的联系。

第七章 21世纪以来肯尼亚共产党社会主义探索的主要特征

肯尼亚共产党在非洲国家中是一个有着独特个性的马克思列宁主义政党，它是东非地区国家中第二个合法注册的共产党，也是由社会民主主义政党转型而成的共产党，同时还是一个兼顾革命斗争与选举斗争的政党。从过去30年肯尼亚共产党（含肯尼亚社会民主党）的发展历程及其近年来开展的社会主义探索来看，该党极为重视意识形态与价值追求，谋求基于工人阶级和穷人诉求，坚定推进本国社会主义斗争。受当前肯尼亚国内外形势影响，肯尼亚共产党发展面临较大的内外挑战，但该党坚定斗争精神，坚持多阶段奋斗目标，持续为实现既定目标而奋进。

第一节 在渐进中成功实现向马克思列宁主义政党的转型

肯尼亚的社会主义运动历史较为悠久，早在国家独立之前就有一些共产党人及进步人士着力反对帝国主义以及本国买办阶级。同时肯尼亚一些反政府的进步学生运动以马克思列宁主义为指导，以争取国家独立和迈向社会主义为诉求，积极开展社会政治活动。这些为后来肯尼亚的社会主义发展奠定了一定的社会政治基础。1963年肯尼亚独立后，受当时国际形势影响，肯尼亚执政当局选择了一条区别于资本主义和社会主义、基于非洲社会主义的理论和哲学来谋求发展的道路。但是当时执政党肯尼亚非洲民族联盟的内部政治分歧引发了国内的反对社会主义活动，进而导致该国共产主义和社会主义运动不得不转入地下，不少共产党人还被迫逃亡国外。随着苏东剧变的发生以及非洲国家多党制浪潮的推进，肯尼亚选择实行西方多党民主制，允许国内成立其他政党但仍对共产党持否定态度。

1992 年，肯尼亚一些社会主义者及进步人士决定成立肯尼亚社会民主党，谋求在社会民主主义旗帜下，推动本国改革，但肯尼亚社会民主党人大多倡导改良，旨在促进富人和穷人的和谐相处。从 2007 年开始，肯尼亚社会民主党内部一些左翼人士开始推动党进一步向左转并组织党内关于意识形态的讨论。2010 年肯尼亚新宪法以及 2011 年《政党法》的相继通过为肯尼亚共产党正式注册提供了可能性。当时肯尼亚社会民主党一度主动向肯尼亚政党登记办公室提交修改后的党内文件，并声称该党系马克思列宁主义政党，遵循无产阶级革命的科学路线，只是考虑到即将到来的 2013 年大选，该党选择暂时保留肯尼亚社会民主党的名称。2013 年肯尼亚大选后，该党逐步意识到社会民主党反对共产主义、支持阶级和解的做法与该党的思想路线偏离较大。同时，社会民主党的标签使得该党在左翼地区和国际活动中受到其他国家共产党、工人党的质疑。因而，有必要改变党的名称，更鲜明展现党的马克思列宁主义政党色彩。

在 2019 年党代会上，肯尼亚社会民主党宣布正式更名为"肯尼亚共产党"，强调仍坚持马克思列宁主义，并指出党将迎接历史性的挑战，带头进行斗争，以摆脱目前基于排斥、歧视、压迫和反动的资本主义政治、经济、社会、文化和道德安排，以便在肯尼亚建立社会主义制度，并为国家解放和社会进步创造必要条件。肯尼亚共产党还公开呼吁本国工人、农民以及世界上所有被压迫人民团结起来共同反对资本主义尤其是帝国主义，因为他们除了锁链之外别无他物。由此，肯尼亚共产党在名称、意识形态、政治主张及具体行动上与肯尼亚其他政党表现出根本性区别。对于肯尼亚社会民主党的更名，肯尼亚一些社会组织和政治力量表示反对，有些甚至还直接游说或施压本国政党登记办公室，并以共产党主张财产和资源由社会集体掌握而不是个人拥有，从而严重违反宪法中保障财产权的各种条款为由，试图在法律程序上阻止肯尼亚社会民主党更名。肯尼亚政党登记办公室也对社会民主党的更名申请予以阻挠并一度拒绝承认肯尼亚共产党及其镰刀和锤子组成的党徽。肯尼亚共产党对此表达强烈不满并将政党登记办公室起诉至政党争议法院，还积极开展相应的政治和法律斗争，迫使政党争议法院作出有利于肯尼亚共产党的决议并向肯尼亚共产党颁发政党注册证书。这开启了肯尼亚社会主义斗争的新阶段，为该党在全国范围内招募党员和干部以及开展活动创造条件，也鼓舞了肯尼亚共产党人、左翼进步人士的政治热情与斗争信念。

第二节　坚定社会主义信仰和探索

肯尼亚共产党从不讳言该党在理论上和实践上都反对资本主义制度，认为肯尼亚人民不会接受现有的资本主义政治和经济制度，明确要与帝国主义强加的新自由主义制度进行思想和政治斗争。该党强调，要实现 2010 年宪法确立的发展愿景和目标，仅仅依靠现有的资本主义制度是无法实现的，必须要用社会主义取代资本主义。

第一，坚信肯尼亚的未来只能是社会主义。肯尼亚共产党明确自身是肯尼亚工人阶级的先锋队，也是肯尼亚所有被压迫和被剥削人口的先锋队。强烈谴责肯尼亚国家富裕但普通百姓却贫穷的不公平现象，强调要以阶级的眼光看待国家当前和未来发展，指出肯尼亚社会阶级问题突出，其中包括少数富人和大多数穷人、资本家和工人、剥削者和被剥削者，以及压迫者和被压迫者等多重矛盾。努力把握肯尼亚面临的内外形势，以此制定和完善党的各项政策并努力推动重新改造肯尼亚，进而推动其更好地实现民主与公正，建设社会主义的意识形态。2021年5月通过的肯尼亚共产党党章指出，党的最低纲领将在肯尼亚社会转型阶段实施，具体表现是通过民主的方式提高肯尼亚生产力和创新水平，从而让社会各方面力量都从中受益；党的最高纲领是在肯尼亚建立社会主义并最终实现共产主义。该党认为，社会主义价值观和原则的实施，将使社会主义肯尼亚走上可持续发展的道路，让所有肯尼亚公民受益，并促进肯尼亚社会的全面进步。但是如果没有激烈的阶级斗争，就不大可能实现大多数肯尼亚人的愿望。因此，该党呼吁肯尼亚公民尤其是选民要团结在肯尼亚共产党的周围，支持该党进行政治斗争，通过促进修宪，一起推动真正的变革，从而建设社会主义的肯尼亚。强调该党将致力于动员肯尼亚工人、农民以及所有进步和大众力量加入其中，一道站在争取参与式民主和进行社会主义斗争的前线。同时该党也强调，自由、解放和社会主义不可能自发产生，党必须有意识地组织肯尼亚工人阶级和群众参与斗争。

第二，重视对经济发展政策的探索。首先，肯尼亚共产党认为，肯尼亚当前的突出问题是发展道路和财富分配问题。如该党掌握国家权力，将优先推进土地改革。土改方案将涵盖所有被跨国公司盗用、被收回的闲置与未开发土地，以及肯尼亚资产阶级没有给予补偿的囤积土地。肯尼亚共产党政府将划拨土地重新分配给农业团体、合作社、工人拥有的公司或国有公司，让这些土地用于农业、矿业、房地产业或制造业发展。这一行动将使数百万肯尼亚人摆脱极端贫困，并将为数百万目前生活在肯尼亚城乡的穷人增加就业机会。其次，肯尼亚共产党若掌握政权，将把财政盈余投入政府掌握的轻重工业。向政府拥有的轻重工业加大投资意味着将促进本地制造、本地就业以及增加国家收入，国家经济将不再单纯依赖出口原材料。通过上述政策，肯尼亚共产党不仅将解决长期存在的国内纺织品和食品短缺问题，而且通过工业化增加就业并刺激农村发展。再次，肯尼亚共产党在赢得选举后，将致力于摆脱国家债务陷阱。肯尼亚共产党将拒绝非法强加在肯尼亚人民头上的由于腐败和贪婪而产生的债务并给予相关责任人处罚；将单方面宣布延后 15 年偿还与帝国主义国家相关联的债务，以促进改变本国人民的生活。这将为肯尼亚每年节省 4000 亿肯尼亚先令并帮助政府使用国家收入来促进农业、金融、轻重工业等生产，同时建立和加强社会保障体系。最后，肯尼亚共产党执政后将结束私有化并对一些关键的且已经被私人控制的公共财产国有化。由此共产党政府将增加公共服务支出并监督其使用，进而确保其为公众提供最好的服务。此外，肯尼亚共产党若执政，还将废除私有化法律并解散私有化委员会。通过实施上述经济政策，肯尼亚共产党将极大地降低穷人的生活成本，提高每个肯尼亚人的生活质量。

第三，重视加强社会公平正义。肯尼亚共产党将工人阶级、农民等被剥削、被压迫群体作为工作对象，努力维护弱势群体利益，努力促进社会公平正义。该党揭露资产阶级政党、政治家出于选举需要推出的一些选举倡议或空头许诺，从而努力让人民群众更好地认识资产阶级政治力量虚伪的一面。强调只有当资本主义制度被历史上层次更高、更进步和更具人道性的社会主义制度所取代时，才能实现社会的真正自由和解放。指出该党及其党员、干部只忠诚于社会主义，而不忠诚于任何的个人、部族或地区。认为所有公民都是国家的主人，享有平等的资源、权利和机会并应得到平等对待。强调所有人民都是国家及其决策的一部分，国内不同地区相互依存是推动国家政治经济发展的重要助力。强调人民团结、民族团结是国家的福祉，国家统一有利于促进国家政治、经济和社会稳定。反对滥用权力，致力于实现民族自由和个人的安全，努力为每个公民创造良好的生活环境，确保生命、自由、健康、住房、教育等权利得到充分实现。反对各种形式的社会歧视和部族霸权，促进社会包容和多元化。强调只有实现共产党的领导以及在本国建成社会主义，才能让大多数被压迫的肯尼亚人实现自由。强调共产党不能只作出承诺和给出希望，还要在不断推动社会变革中持续赢得社会大众的支持。

第四，对外捍卫国家独立与主权。肯尼亚共产党认为尽管本国建立了多党民主制并制定了宪法，但是肯尼亚并没有实现真正的自由以及国家主权。该党对部分肯尼亚政府领导人及主流政党热衷于同西方打交道并听命于西方表示不满，反对肯尼亚配合西方及北约的各种经济、外交和军事行动。认为肯尼亚必须基于和平与友好原则制定对外政策，进而实现与各国的平等交往及互利互惠。该党将推动本国与社会主义国家建立友好关系，与反对资本主义和帝国主义压迫以及争取自由的人民发展友好关系。此外，作为一个泛非主义组织且倡导国际主义的政治组织，该党认为只有科学社会主义才能带动建立一个自由、统一和解放的非洲。作为国际反资本主义和反帝统一战线的重要组成部分，该党也坚定支持建立多极世界和反对帝国主义战争。

第三节　立足国情推进党的自身建设

肯尼亚共产党自称是一个先锋型政党，也是一个以马克思列宁主义为指导的大众组织和人民组织，以最广大人民利益为诉求。该党向工人、农民、知识分子、艺术家、学生、专业人员，以及其他所有18岁以上赞同其意识形态的肯尼亚人开放。该党认识到，恢复共产党身份，强化政治和意识形态建设，以及争取社会支持是一个无比艰难的过程，需要坚持不懈地加强自身建设，以强化斗争能力和提升政治影响力。为此肯尼亚共产党着力加强党的自身建设，尤其是用好新兴技术和社交媒体平台强化数字政党建设，进而争取到一定程度的话语影响力和政治竞争力。

第一，注意加强意识形态建设，积极参与国内舆论斗争。肯尼亚共产党在更名后更加重视意识形态建设，宣称其是一个永远坚持马克思列宁主义路线的政党，致力于恢复党的尊严并为人民而奋斗。强调所有的思想建设都源自实践，指出肯尼亚人民并不害怕共产主义，资本家和中产阶级才害怕和憎恨共产主义，他们之所以持续传播毫无意义且有害的反共宣传，其目的是蒙蔽群众并维持现有的不公正状态。要求重视加强意识形态教育，注意借助党的网站及党的各级领导人的推特、脸书、照片墙等西方社交媒体账户进行思想教育和传播。截至2022 年 10 月 24 日，该党脸书账户粉丝为 0.51 万、推特账户粉丝为1.54 万。该党也通过不定期举办在线热点议题辩论，广泛邀请党员、支持者及群众参加，以促进参与者对相关议题的认知；建立线上的共产党电视台，邀请本党干部及诸如古巴驻肯尼亚大使等外交官参加，共同揭露新自由主义弊端。党的各级干部还通过田野小剧场形式，揭批资本主义罪恶，从而达到对一些党员和民众进行思想教育的目的。尤其是青年党员通过说唱的方式，在乡村地区开展政治教育，批判资本主义的剥削和压迫，起到了较好的效果。该党重视围绕本国政治陋习等，广泛开展文化动员，谴责统治精英与穷人为敌，如揭批贪污的肯尼亚政客，以争取民众的理解和参与。保持对国内外热点议题的及时发声，如通过对 2022 年英国女王逝世、拜登总统会见肯尼亚总统鲁托以及政府给予油价补贴等话题发表评论，努力引导民众关注的议题及其立场。

第二，着力加强组织工作，提升党的社会政治影响力。肯尼亚共产党在更名后大力推进组织建设，强化党的战斗力。重视推行民主集中制，坚持进行批评和自我批评，完善纠错机制。在更名后，该党努力完善党员入党程序以及党员管理机制，并以城市工人阶级、农村工人和贫苦农民作为工作对象，建立了在线申请入党机制并对每个新党员给予 6 个月的培训。深入推进乡村党组织工作，以反对中间商盘剥和要求所有土地归耕种者为诉求，帮助农民维护其权益，进而争取农民入党或支持党的工作。尽管肯尼亚不少贫苦农民并未听说过共产主义和社会主义，但是对肯尼亚共产党对社会矛盾和政治腐败的分析也往往给予一定的理解或支持。持续加强内部学习，以提升党员对党的全面了解，进而切实维护革命纪律和遵守党的主张。重视做好青年和妇女工作，不断提升其在党内的作用，以增强党的竞争力。如 2022 年

7月领导成立肯尼亚青年共产主义者同盟并召开第一次全国代表大会，8月领导成立肯尼亚妇女联盟并召开第一次全国代表大会，助力一大批青年干部和妇女干部走上各级领导岗位。但是在2022年选举前，肯尼亚共产党的主要领导人姆甘加和瓦奇拉选择加入肯尼亚优先联盟，引发党内分裂。当年9月，该党过渡委员会决定成立14人临时中央委员会并推选基努蒂亚·恩东乌、布克·奥莫里、塞夫·桑尼分任党的全国主席、副主席及秘书长。对于党内分裂，该党临时中央委员会专门刊文表示，党内危机不能简单地从共产党人的内部分裂或争吵层面来理解，相反，上述斗争反映了党内机会主义路线的出现以及马克思列宁主义者对这些路线和做法的反对。

第三，多方筹谋经费，确保党的日常运行和活动开展。肯尼亚共产党非常强调党内廉洁、反对党员干部贪污腐败。因未从本国政府获得财政资助，党内资金匮乏问题较为突出，甚至出现赤字现象。2020年肯尼亚共产党收入仅为77.8万肯尼亚先令，支出却为90.4263万肯尼亚先令，出现12.6263万肯尼亚先令赤字。近几年来，该党除了党费收入外，还建立了社会捐款机制，争取社会资金赞助和支持。尤其是在党内出现分裂以及组织运行出现一定困难的情况下，创新筹款机制，新建了一个在线的"团结资金驱动"平台，邀请各类组织和个人帮助筹款和宣传，以维护党总部的日常运行。在2022年肯尼亚选举中，肯尼亚共产党部分购买帽子和运动衫等选举物资以及宣传资料印制的费用就来自在线社会捐赠。

第四，重视党的对外交往，融入世界社会主义事业之中。肯尼亚共产党强调该党不是一个民族主义组织，而是坚持国际主义的马克思列宁主义政党，重视与国外共产党、工人党及其他进步力量的交往。一方面，积极与南非共产党、古巴共产党、越南共产党、意大利共产党等地区内外共产党、工人党交往，深入交流对地区和国际形势及世界社会主义发展的看法。重视学习国外一些共产党、工人党开展阶级斗争和争取选民支持的做法和经验，以提升本党的政治竞争力。重视与国外部分共产党的协调，以共同反对资本主义剥削和压迫，共同开展国际斗争。另一方面，积极声援和支持巴勒斯坦、委内瑞拉、巴西等国左翼的正义斗争，反对新自由主义的渗透和帝国主义的干涉，以展示该党作为世界社会主义事业一部分的贡献。

第四节　坚持议会斗争与街头斗争并举

肯尼亚共产党基于独特的生存环境以及自身的奋斗目标，着力从两个方面加强政治斗争，谋求尽早实现政治诉求。

（一）重视推进议会斗争

第一，辩证认识资本主义选举。作为资本主义国家体制内合法注册政党，肯尼亚共产党必须按照资产阶级多党民主竞争规则参与国内政治博弈，但是由于该党反对资本主义制度，谋求通过渐进式改革以及革命式革新两个阶段推进肯尼亚实现社会主义，因而该党并不看好资产阶级选举，认为其并不是解放肯尼亚人民、穷人和工人的途径，强调如果该党在群众政治活跃时不参与，那么将被视为抛弃贫穷的工人，导致他们只能接受统治精英的反动思想。因而，肯尼亚共产党现阶段谋求在一定条件下参加资产阶级选举，认为参加各种类型的选举既是展示党的政策诉求的途径也是争取选民支持的需要。一旦赢得民选职位也有利于增强该党的政治力量，并促进从内部改变资本主义。只有推动资本主义权力结构发生变化，社会主义斗争才能真正起到效用。

第二，选举成绩经历高点而衰。自 1992 年成立以来，尽管肯尼亚共产党持续谴责本国民主政治的虚伪和欺骗性，但是为了维护工人阶级的利益以及在群众运动中揭露资本主义内部矛盾，也持续参加资本主义选举竞争。其中 1992 年该党未参加总统选举而只参加国民议会选举；1997 年该党取得最好选举成绩，该党总统候选人恩吉卢获得 7.9%

的选票、15 名议员候选人成功进入国民议会；2002 年选举成绩急剧下降，丧失全部 15 个国民议会席位；此后在 2007 年、2013 年、2017 年和 2022 年四次大选中该党得票率不断下降，沦为边缘政党。2022 年选举，该党将其视为对抗新自由主义以及争取社会主义替代方案的一次斗争，积极推动本党候选人参选不同级别议员及郡长，党的主要领导人基本参加竞选，但成效依然不佳。选举成绩的持续不佳以及面临的严峻社会政治环境促使该党进一步思考其政治斗争策略，创新宣传方式。比如，该党在 2022 年选举中制作、发布了一段说唱视频并在社交媒体上广泛传播，动员选民投票给肯尼亚共产党候选人，引发广泛关注和讨论。

第三，尝试推进统一战线建设。作为一个在新自由主义国家生存和发展的马克思列宁主义政党，肯尼亚共产党面临来自各种资产阶级政党的围堵，单靠自身力量无法有效参与政治竞争，因此重视国内统一战线的建设。该党认为，统一战线不受具体的形式或名称限制，可以与其他进步的肯尼亚人、政党及社会运动合作，目的是团结所有肯尼亚人，为实现宪法确立的人民主权、人权、国家价值观和治理原则，以及分权与制衡、政府权力下放等基本原则而斗争。如在 2022 年大选前，肯尼亚共产党在蒙巴萨郡海岸地区与其他四个政党建立合作，以推动该地区经济社会发展。尽管最终没有赢得相关选举，但是也提升了党的影响力。

（二）坚持街头斗争

由于肯尼亚共产党未能进入国民议会和政府，其日常斗争无法依靠议会舞台开展，只能借助街头斗争展现党的力量和影响力。当然，肯尼亚共产党也从来不隐瞒对资本主义制度以及政府执政的不满，敢于根据形势需要，通过发动包括示威、罢工、街头抗争等方式对政府施加影响。肯尼亚共产党的斗争诉求多样、斗争形式多元。其一，发挥组织引导作用，积极组织动员党员及支持者围绕特定议题走上街头，表达不满并要求政府作出改变。如该党于 2021 年 7 月在首都内罗毕举行示威活动，拒绝肯雅塔政府提出的全面改革宪法方案。2022 年大选后，肯尼亚共产党在肯尼亚西部组织数千人的"进攻阵线"，以反对腐败并批判资本主义危机。其二，发挥协助作用，支持特定工会或社会运动，以形成更大的社会政治效应。如 2019 年 3 月，肯尼亚共产党积极声援由肯尼亚航空工人工会领导的航空工人罢工，强烈谴责警方逮捕工会领导人和暴力驱散罢工工人，要求政府作出恰当的回应。其三，走向街头，以对抗政府施压。如 2021 年 8 月针对肯尼亚地方当局非法逮捕和拘留肯尼亚共产党在蒙巴萨郡的两名领导干部，该党表达强烈不满和谴责，并呼吁党的所有组织网络以及肯尼亚群众与该党一道对政府施压，以迫使警方释放相关人员并恢复法律秩序。在街头斗争中，肯尼亚共产党各级领导人都发挥演说、动员等优势，积极鼓动党员和支持者，阐明相关立场，争取让更多的人走上街头，形成更高的社会关注度。此外，肯尼亚共产党还重视发挥现代数字平台尤其是社交媒体的作用，借助网络组织和动员，以最低的成本组织较大影响的社会示威抗议，还借助社交媒体、在线电视台等进行广泛传播，以扩大政治效果。

第五节　对肯尼亚共产党未来发展的简短评估

肯尼亚共产党虽然是合法政党，但受限于国内政治和意识形态环境，发展空间有限，尤其是其最为重视的阶级斗争方式受到部分资产阶级力量的非议甚至被谋求立法禁止，极大地影响该党的未来发展。但是作为一个马克思列宁主义政党，该党在更名时就预料到面临的困难及斗争阻力，因此始终坚持社会主义斗争目标，并确立了较为丰富的斗争策略，尤其是重视利用国内变化的经济社会条件来进行思想政治教育，推动工人阶级、农民等加深对资本主义危害性的认知，从而不断增强党的社会基础。同时重视把握国内政党政治的发展趋势，努力建立和完善统一战线。在当前复杂的政治环境下，肯尼亚共产党需要继续重视和应对好一些重大议题，从而为推动本党发展和本国社会主义事业作出更大努力。

（一）争取改善国内民众对社会主义和共产主义的认知

目前来看，肯尼亚普通民众尤其是广大选民对意识形态和价值诉求相对了解不多，虽然知道社会主义和资本主义，但不了解二者的具体差异。这主要是因为肯尼亚政府在独立后倾向于新自由主义发展模式，对社会主义和共产主义较为排斥。如肯尼亚绿色非洲基金会领导人卡鲁阿·格林指出，不可否认，大多数肯尼亚人对其政党的意识形态一无所知。政党必须制定与其意识形态同步的立法议程，而不仅仅是提出不断变化的宣言。肯尼亚国内政治家中反对阶级斗争的声音也屡有出现，认为阶级斗争可能会危及社会稳定，并以此为由压制肯尼亚共产党的政治宣传和活动。当然，21世纪以来肯尼亚部分民众尤其是选民对本国政党的意识形态虚化也表示不满，谴责政党不仅没有明确的意识形态和行动纲领，而且在选举后沦为政客维护权力的工具。上述情况对重视意识形态宣传及维护工人阶级利益的共产党而言无疑具有一定利好作用。

此外，2008年国际金融危机爆发以来，尤其是2020年全球新冠疫情肆虐以来，肯尼亚经济社会矛盾有所加剧，社会抗议事件有所增多。其中面包、食用油、燃料等价格上涨，公共债务激增，以及日益严重的腐败引发的抗议不断出现，要求社会公平和正义的声音也不绝于耳。为此，肯尼亚共产党正努力根据国内形势变化，持续发挥思想影响、政治教育等功能，向广大民众传播社会主义思想，争取将民众对社会公正的诉求以及对国家经济自主和民主政治的诉求转化为对肯尼亚共产党和社会主义的拥护和支持，并争取将民族民主革命的胜利与争取社会主义的斗争结合起来，从而助力国内形成更有利于该党的意识形态和政治氛围。

（二）推动选民更多关注执政业绩而非部族认同

肯尼亚共产党是肯尼亚根本性变革的倡导者、推动者和实践者，其始终谋求推翻现有资本主义制度并引领国家走向社会主义。在现有肯尼亚政治体制下，该党唯一的合法夺权途径就是选举竞争，但是在肯尼亚选举政治中，部族政治化问题非常严重。尤其是自 21 世纪以来，肯尼亚多次举行总统选举，但是受特定的历史、社会结构、政治文化等因素影响，选举与选民部族身份的联系较为紧密，使得选举往往成为部族动员政治，围绕选举争议的不同，部族对抗和冲突屡有出现，造成人员伤亡和财产损失。同时肯尼亚自实行多党民主制以来，历次选举竞争多围绕少数几个政治家展开。此外，肯尼亚选民大量加入其他政党，在一定程度上增加了肯尼亚共产党争取社会同情者、支持者，以及招募党员的难度。2022 年 3 月，肯尼亚政党注册员安·恩德里图表示，政党成员在过去 10 年中一直在增长。鉴于上述情况，肯尼亚共产党在更名时就明确表示谋求重塑国家的政治游戏规则，重视吸引全国各地谋求平等地位的选民而不仅仅是部族选民。上述工作具有较大挑战性，但并非不可完成，该党需要持续加大社会政治工作，努力提出可行的替代方案，基于阶级差异唤醒肯尼亚基层社会的阶级意识和阶级诉求，并勇于为工人阶级的利益而战。

（三）科学推进统一战线建设

马克思、恩格斯、列宁等革命伟人很早就对统一战线提出一系列概念和思想，为国际共产主义运动和世界社会主义事业的发展提供了科学指导。尤其是列宁在《共产主义运动中的"左派"幼稚病》一书中更是对处理不同阶级之间关系以及参与议会斗争表明了立场。在肯尼亚多党林立、部族政治未消以及肯尼亚共产党内思想混乱仍存的情况下，该党有必要继续深化统一战线建设，以此巩固和扩大社会政治基础，但是统一战线应坚持科学的战略和策略，不能危及党的内部团结与统一。这既是世界社会主义发展的经验教训，也是肯尼亚共产党遇到的重大问题。肯尼亚政党登记办公室在2022年5月宣称，肯尼亚现有政党中获得完全注册和认证的有90个。但是上述政党的兴衰沉浮及分化组合非常快，往往伴随着重大选举进程而发生较大变化。这对肯尼亚共产党选择合适的左翼政治合作对象带来一定的挑战。鉴于此前统一战线建设中出现的突出问题，该党已经开展了系列反思，其中包括深入进行内部检查、评估外部因素的干扰，以及提出党当前和未来可以采取的措施，目的是为推动本国社会主义发展创造更好的内外环境。但是作为相对弱势一方的肯尼亚共产党，如何组织动员广大民众并推动左翼政治力量之间的合作，还需要提出更为符合国情党情的政策措施，进而争取更多社会政治力量的理解和支持。

（四）加强筹措选举经费

根据《世界民主论坛》发布的肯尼亚议会政治成本报告，2017年肯尼亚参议员竞选平均花费3500万肯尼亚先令，国会议员竞选平均花费1810万肯尼亚先令；女性议员竞选平均花费2280万肯尼亚先令；郡长候选人竞选约需6亿肯尼亚先令；总统竞选花费约需50亿肯尼亚先令。在候选人经费支出中，大量经费被用于选举广告及其他争取选民支持工作。可以说，参选政党或候选人花费越多，赢得选举胜利的概率越高。当前，肯尼亚共产党收入来源窄、经费短缺问题较为明显，其需要进一步拓宽经费筹措渠道，以增强资金保障能力并满足组织动员及选举竞争等支出需要。

（五）妥善应对西方对肯尼亚内部事务的干涉

肯尼亚经济政治发展模式基本复制美国，使得该国面临私有化程度深、社会贫富差距大，以及经济形势易受外部宏观经济变动影响等多重挑战。西方国家时常借助肯尼亚经济困难，要求肯尼亚巩固"民主"，甚至利用债务问题威逼肯尼亚改变对外政策。对此，肯尼亚部分民众表示不满和愤慨，要求改变现状。但是肯尼亚执政党和政府大多出于执政需要，在对美、对欧合作上持积极态度，谋求推动与美国的自由贸易，引发一定程度的社会抵制和反对。肯尼亚共产党需要把握本国社会民意，以维护本国主权、安全和发展利益为抓手，深刻揭露西方干预肯尼亚内部事务并损害肯尼亚利益的行为，进而争取广大民众对肯尼亚共产党的信任和支持。

第八章 21世纪以来留尼汪共产党新发展及其挑战

留尼汪共产党系法国留尼汪大区政党，由于其所处的留尼汪大区在地理上位于东非地区，其一些对外交往和经济合作思想也涉及东非乃至整个非洲，因而，在梳理非洲国家共产党发展时，有必要提及该党取得的发展及面临的困境。毕竟其作为地理位置上的非洲共产党在某些方面也体现了非洲国家共产党的发展特点，还反映了非洲国家共产党面临的一些共同难题。综合留尼汪共产党60多年来发展历程，其整体思想和主张虽然保持一定延续性，但无疑也经历了自身发展的一定程度起伏，并受到日益严峻复杂的留尼汪政党政治影响。探索留尼汪共产党的发展历程及其思想政策竞争力，可以在一定程度上把握其未来发展走向。当然，留尼汪共产党的处境有其特殊性，其自身发展变化尚不能充分代表非洲国家共产党发展的总体特性，对此应有清醒的认知和客观的判断。

第一节 留尼汪共产党的历史发展及现状

留尼汪共产党前身为法国共产党留尼汪支部以及留尼汪共产主义联盟。1959年，留尼汪共产主义联盟六大决定成立留尼汪共产党，这也是留尼汪共产党的第一次全国代表大会。在这次会议上，留尼汪共产党顺利通过了党纲，这是该党的纲领性文件，阐述了该党反对压迫、寻求政治自由和发展援助的斗争诉求。成立伊始，该党即倡导"留尼汪意识"，谋求通过自治消除该岛殖民现状，主张为承认留尼汪身份和文化而斗争。但是建党后，留尼汪共产党也面临一系列的阶级斗争和暴力冲突，尤其是面对左翼政党和右翼政党的冲突，共产主义组织的支持者和同情者往往成为牺牲者。通过长期的斗争，留尼汪共产党在群众中逐步扎下根，并争取到一定的中小资产阶级支持。1967 年留尼汪共产党二大谋求在法国框架内的自治要求，大会还呼吁成立一个专门机构来协调留尼汪岛与法国之间的合作；谋求将制糖业国有化，没收糖业垄断企业拥有的土地并支持土地改革和其他民主改革。1972 年留尼汪共产党三大提出要努力联合所有民主力量，加强与法国其他海外省的自治组织以及法国左翼力量的联系，并要求给予海外领土自决权。1979 年开始，该党主席保罗·维尔热斯参加欧洲议会选举，此后长期担任欧洲议会议员。1986 年法国社会党领导人密特朗出任总统后，留尼汪共产党基于捍卫留尼汪人利益的需要，积极争取法国政府在社会平等、福利保障等领域作出让步，进而促进留尼汪的发展。1993 年 2 月党主席保罗·维尔热斯离职，艾利·奥罗当选党的总书记。2000 年以前，留尼汪共产党一直是本地区主要政党，赢得 30% 以上大区议会席位。尤其在 1998 年留尼汪大区议会选举中，以留尼汪共产党为首的左翼"争取经济发展联盟"获胜并掌握大区行政权，后又赢得大区选举并执政至 2010 年，其间保罗·维尔热斯担任地方政府行政领导人。执政期间，留尼汪共产党的核心理念是推动可持续发展，但是留尼汪共产党掌权地方十多年，却没有积极争取地方自治。自 2010 年大区议会选举失败以来，留尼汪共产党经历了艰难时期，内部冲突时有爆发。2012 年，该党知名政治家、视保罗·维尔热斯为导师的于盖特·贝洛因为与党内出现参选争议被开除，其后来成立了自己的政党"为了留尼汪岛"。

基于留尼汪共产党面临的内部分裂以及党内沮丧情绪，2012 年 7 月该党启动重建工作并召开特别会议，核心是促进党员广泛协商以推动党的重建，尤其是基于党的创始原则，加强党的价值观建设，强化集体确定党的政治路线，促进组织更新和内部沟通。该党还明确要求恢复党的力量，一如既往地为留尼汪人民服务。在内部反思工作中，该党提出要为青年和妇女提供更多发展空间，从而使得该党可以更好地代表留尼汪人民，并推动建设一个更加公正、团结和可持续发展的社会。2013 年年初和年中，为召开党的八大，留尼汪共产党提前召开了三次党的区域会议，深入进行内部反思，并与社会各界进行了广泛接触和沟通。会议明确指出，该党党组织行为方式过于温和，党代会不定期召开，对于面临的问题未能拿出具体可行的政策建议，该党要求围绕市政建设提出新的政策愿景。2013 年 7 月，留尼汪共产党召开党的八大，党内围绕选举失败和内部分裂，进行了研讨和整合，以体现党的团结。会上该党成立了临时中央政治局，由西尔维·穆尼亚塔、莫里斯·吉伦塞尔、法布里斯·霍劳和伊万·德让四人组成，勉力维护党内团结，但党内干部脱党问题仍未解决。从具体政治实力来看，该党不仅无法抵御右翼政党的进攻，而且也难以在左翼政党中形成有效的领导力。在 2016 年大区议会选举失败后，该党又遭遇 2021 年大区议会选举失败。这使得该党虽然仍名列留尼汪主要政党行列，但已经成为本地区政党中的落后者。

第二节　留尼汪共产党 21 世纪以来思想理念与政策主张新变化

21 世纪以来，留尼汪共产党面临的形势可谓"冰火两重天"，其中第一个十年该党总体处境较好，不仅赢得选举，而且其倡导的思想主张获得了选民的广泛支持，从而使得该党可以保持较高的政治地位。但是随着 2010 年大区议会选举的失利，该党开始走下坡路。一段时间以来，虽然该党认识到内部分歧、士气低迷以及政策主张得不到选民支持等问题有所加重，并采取了一系列重建和团结行动，但是仍难以遏制下滑趋势。在上述背景下，留尼汪共产党也注意把握形势，提出一些具有一定号召力的思想理念和政策主张。其政治议程已不再是实现该岛的自治，而是保护环境尤其是转向强调与人口稠密岛屿有关的环境问题以及实现能源自主，重视妥善应对资本主义全球化和全球气候变暖与留尼汪的利害关系，以及倡导留尼汪最终解放的统一文化身份，但是在具体实践层面总体效果还不明显。

（一）执政期间的政策诉求

2004 年留尼汪共产党携手政治盟友掌握地方政权，这为该党践行本党理念以及实行相关政策带来了巨大的便利。因而该党重视推动留尼汪的发展，致力于消除一些历史问题，同时通过积极争取法国中央政府的支持来推动实行有利于留尼汪的国家层面政策。2006 年，留尼汪共产党通过有关留尼汪发展计划的文件，该文件明确提出促进社会平等与可持续发展，进而实现留尼汪与法国本土及欧洲的集体平等。该文件还公开要求法国中央政府给予留尼汪一定的财政、制度和法律支持，力争促进留尼汪与法国本土的发展相近或一致；谋求在留尼汪实行以人为本的经济发展模式，并为此进行新的公开辩论，力争达成新的共识；要求扩大权力下放，进而促进地方的发展。

2009 年 5 月，留尼汪共产党召开六大，深刻分析留尼汪所处的国内和国际环境，尤其是该党成立 50 周年之际的机遇和挑战。强调在留尼汪获得自由、平等之后，留尼汪共产党将承担责任，继续引领本地区的可持续发展。指出世界正在经历深刻的变化，贸易全球化、人口增长、气候变化和新技术进步等趋势已开始影响世界的演变。资本主义危机影响到所有国家的经济发展，进而带来严重的经济衰退、工厂和企业倒闭、大规模失业、环境破坏，以及世界大部分人口的生活水平下降。强调过去 50 年来留尼汪共产党在经济、社会、政治和文化等领域取得的进步，同时也认为留尼汪当前处于经济危机之中，该党必须进行进一步的斗争。因而，该党迫切需要探索一条能够使留尼汪走上新发展道路的政策，以保护留尼汪免受经济危机的冲击并保护社会弱势群体。上述解决方案应该有利于保护环境，促进区域共同发展，强化留尼汪的文化特性，增进社会凝聚力。其政策的核心特点是保护环境、创造财富和促进就业，促进留尼汪可持续发展。

（二）政治地位下降后的政策诉求

2010年12月，留尼汪共产党召开七大，背景是该党遭遇大区议会选举失败并陷入严重内部危机。会上该党总书记埃利·霍劳提出要尽快走出选举失利带来的危机，并以自我批判和反思为抓手，助力找出问题根源并提出解决方案。大会强调要加强内部对话，促进党组织活跃起来，尤其是要重新界定党内积极分子，完善党组织运作条例，细化党员个人和党组织的任务。强调了团结的重要性，指出党不仅要提出好的政策方案，而且要时刻保持谦卑并努力推进党的政策主张被更多选民接受。大会还指出留尼汪正在经历一场结构性危机，这场危机不仅冲击留尼汪最贫困的群体，而且波及其他行业和领域。解决这场危机不能依赖传统方式，而要有所创新。应讨论制定新的政治纲领，主张留尼汪人群策群力建立新的治理模式，以促进地区新的发展。形成共识需要借助政治对话，以促进达成广泛共识。新的治理模式聚焦保护贫困群体，通过为其重建发展愿景，进而为地方社会变革注入活力，解决收入减少、失业、贫困、健康等棘手难题。新的治理模式与右翼政党的策略是不同的，将进一步明确社区职能，促进社区发展。

2013年7月，留尼汪共产党召开八大，会议的核心思想是加强党内团结。党代会上400多名党代表深入讨论该党面临的严峻形势和危机，强调党必须捍卫自己的理想，维护内部团结，并做好战斗姿态，进而为下次选举做好准备。尽管实现上述目标非常困难，但必须努力推动，其中最佳的方式是直面群众，与群众沟通和对话，争取得到群众的理解和支持。留尼汪共产党的创始领导人皮埃尔·维尔热斯也谈到了党面临的困难，特别是留尼汪共产党难以再充分动员选民的问题，其原因是现在缺少有组织的工人阶级。党需要将最弱势群体团结在自己的身边，为此应充分思考和找到聚拢最贫困群体的方式。2015 年 2 月，留尼汪共产党呼吁团结一致，制定新的政策，进而使留尼汪人民摆脱苦难。为此，该党提出 25 项政策建议，其中包括加强对个人的援助，暂停招聘公务员，扩大私营部门的招聘，将援助与商业和创造就业联系起来，出台社会住房新政策，控制物价并实现就近采购，恢复铁路运输，遵守金融和环境规则，加强道路基础设施建设，实现能源自主，增进留尼汪文化和身份认同，实现粮食安全，加大对重复行业的投资力度，设立区域可持续和团结发展基金等。此外，该党还呼吁在 20 年内实现人均国内生产总值与法国本土持平，成立单一议会，解决住房、教育、贫困等社会难题，实现留尼汪与法国及欧盟的地缘经济双重一体化，妥善应对能源、交通、气候变化等重大挑战。2016 年 1 月，留尼汪共产党中央政治局针对地区选举后形势进行反思，认为多年来尽管留尼汪在卫生、电气化、学校教育等方面取得不可否认的成就，但也存在明显的不足，尤其是 40% 以上的留尼汪人口生活在贫困线以下，大约 37% 的劳动力处于失业状态（其中近 60% 是年轻人）。留尼汪共产党对导致本地区贫困和落后的原因早有深刻认识，并要求成立一个根据比例代表制产生的议会来管理与留尼汪人有关的事务。当前留尼汪面临的形势已经发生变化，尤其是在关系留尼汪的发展议题上，政府、议会、政党及社区必须广泛征求选民意见，从而作出科学的决策。

2017 年 2 月，留尼汪共产党召开九大，会议的目的是展示其左翼意识形态，表明该党正在采取行动，以重新塑造留尼汪社会。该党 600 多名党代表围绕团结留尼汪人承担责任和国际局势演变两大议题进行深入讨论，谋求通过承担国家责任和实现可持续发展愿景来激发留尼汪的活力，主张留尼汪人民有权承担并管理地区事务，指出当前一个新的转折点正在出现，需要尽可能组建广泛的统一战线。为此，必须将民众聚集在一起，特别是将来自工会、协会以及经济和政治领域的人聚拢起来，以确定和共同实施一个可持续发展项目，进而促进留尼汪的民主治理并争取实现与1946年废除殖民地地位时同样的变化。探讨建立一个涵盖欧洲、法国和留尼汪资金的发展基金，以促进留尼汪可持续发展。强调留尼汪共产党没有死亡，必将继续奋斗。明确该党要采取行动，进一步加强宣传工作，强调哪里有共产党员，哪里就能传递党的信息和主张；通过组织音乐会、辩论、培训等方式，展示党的思想和主张；深化党组织与个体民众的接触和对话，促进民众接受党的思想；适时组织罢工抗议，为工人阶级和广大民众争取利益等。强调该党必须参与选举，以争取社区的支持。2017年党的九大之后，留尼汪共产党进一步强调作为无产阶级政党的责任，继续围绕留尼汪发展形势研提政策建议。其中核心建议包括：建立单一议会，新的议会应拥有财政、监管和立法等权力；推进行政改革，新的行政机构应制定自主的财政政策；新的立法和行政机构应有能力与印度洋邻国签订协定、与欧盟建立经济伙伴关系以及与欧盟建立更直接的联系；强化与印度洋邻国、东非国家的经济合作，促进区域共同发展；加大社会投入力度，重点解决环境问题以及促进人类发展。同时，留尼汪共产党还要求对就业、物价采取干预政策，以保障低收入者收入，解决住房短缺问题，促进人民更加重视自己的语言、文化、历史和身份。2019年，留尼汪共产党召开多国共产党意识形态会议，强调国际社会正在对自由主义的灾难性影响进行评估，需要改变文明发展路径，以应对新的社会环境，尤其是妥善处理社会政治斗争情况下多元文化的共存，以及推动和平运动的发展。2020年8月，留尼汪共产党中央委员会通过关于留尼汪人民自由和责任的决议，谋求让留尼汪人获得更多的权利，行使更多的自主权。其核心是基于该党的共产主义理想，批评有争议的资本主义发展模式，尤其是避免从法国流入留尼汪的资金又回归到法国，进而导致留尼汪出现再殖民化的现象。必须认识到，留尼汪的持久改变不应该来自一万千米外的巴黎，留尼汪人有责任在留尼汪解决留尼汪的问题。

针对 2022 年法国总统选举，留尼汪共产党表示，留尼汪一半人口生活在不稳定社区，要求法国政府关注，并予以相应支持。2023 年初，留尼汪共产党进一步深入分析本地区面临的危机，指出留尼汪人生活成本非常高，贫困率达到 40%，进口依赖度较高，失业率更是法国全国的三倍。这不仅加重了留尼汪的发展危机，而且使得留尼汪人被视为受援方。目前留尼汪法律由法国制定，留尼汪人无权调整，因而必须推动召开国土公共行动领土会议，从而更好地为留尼汪制定发展项目。

第三节 留尼汪共产党的左翼政治合作

在政治力量对比上，留尼汪大区长期以来呈现出左右翼相对均衡发展的局面。留尼汪共产党作为留尼汪大区的重要政治力量，经历了60 多年的发展，其在政治竞争中也注意争取政治盟友的支持，无论是在法国国内层面还是在留尼汪大区层面都是如此。这种策略既是自身政治属性使然，也有政治利益驱动的因素。这种政治合作有其积极的一面，但也有消极的一面，进而影响到留尼汪社会大众对该党的印象。这种影响是比较广泛的，不仅有时影响到留尼汪共产党的选举和政治地位，而且影响到该党 21 世纪以来尤其是近年来的政治合作空间。

（一）在法国国内政治中推进左翼合作

留尼汪共产党脱胎于法国共产党，因而与法国共产党有着密切联系，两党也建立了深厚的政治交流与合作关系，并建立了一定的信任。尤其是党的创始领导人保罗·维尔热斯在 1945 年至 1959 年同时还是法国共产党党员，不过由于理念分歧，两党在早期也出现过一定的分歧。这种分歧源于保罗·维尔热斯在创党之初就提出建立广泛的阵线，从而将经济社会领域的进步力量聚集在一起，乃至对非共产主义力量开放，这无疑与法国共产党的理念有着一定的差异。在共产主义阵营内部关系认知上，两党也存在一定分歧，如对1968年华约入侵捷克斯洛伐克，留尼汪共产党态度鲜明地予以谴责，而法国共产党态度则模棱两可。自20世纪90年代末以来，由于路线分歧，留尼汪共产党和法国共产党的关系趋向紧张，乃至出现留尼汪共产党一度与法国绿党等合作的情况。自2005年法国共产党领导人玛丽·巴菲特访问留尼汪并与留尼汪共产党交流后，两党关系有所改善。与此同时，长期以来留尼汪共产党候选人在参加法国国民议会选举、欧洲议会选举中还借助法国共产党的帮助和支持，乃至建立两党联合名单。加入法国国民议会、欧洲议会的留尼汪共产党人也与法国共产党或其他左翼力量组成共同的党团或进行政治合作。如在2004年欧洲议会选举中，留尼汪共产党与法国共产党围绕海外选区建立联合名单。选举结束后，保罗·维尔热斯成为欧洲议会中仅有的三名法国共产主义者之一。2009年，留尼汪共产党领导人霍劳当选为欧洲议会议员，并与法国左翼阵线的四名议员一起成为欧洲议会欧洲联合左派-北欧绿色左派的第五位法国议员。

　　1986年法国社会党执政后，留尼汪共产党加强了与社会党的合作。如在1997年6月法国国民议会选举中，留尼汪共产党和社会党联盟携手击败右翼政党，从而获得留尼汪大区五个国民议会席位中的四个。2001年3月，在留尼汪市镇选举中，留尼汪共产党和法国社会党等组成的"争取经济发展联盟"在四个城市中获胜，尽管表现不佳，但也体现了左翼政治合作的思想和实践。

　　在法国总统选举问题上，留尼汪共产党也历来支持左翼候选人。除法国共产党外，留尼汪共产党近年来还支持其他候选人。如2007年，留尼汪共产党支持法国共产党领导人巴菲特竞选总统；2017年留尼汪共产党明确表态支持"不屈法国"候选人让-吕克·梅朗雄进入总统选举，并呼吁留尼汪全体左翼人士支持梅朗雄，从而推动其有资格进入第二轮总统选举。

（二）在留尼汪地方政治中以左翼合作为主但面临更多不确定的局面

留尼汪大区孤悬海外，2022 年人口仅有 90 万左右，但政党众多，而且法国政党大多在该地设有分支机构，这使得该地政党政治非常复杂。可以说，留尼汪政党碎片化、政党支持群体相对弱小，政党支持率受内外因素影响变动较大。因而，作为共产主义政党的留尼汪共产党必须重视左翼合作，进而争取形成左翼政党对右翼政党的政治优势。如在省议会、市镇议会选举中与法国共产党、法国社会党、"不屈法国"等进行合作，这种合作有助于留尼汪共产党形成更大的地方竞争优势。这是留尼汪共产党在政党竞争激烈的环境中生存的一个重要法宝，但是也要看到，由于留尼汪共产党对于政治有着较大的开放性，这使得在地方政治博弈中，该党有时也接触其右翼竞争对手，乃至寻求围绕特定事务开展合作。这种政治合作在保罗·维尔热斯担任党的领导人期间时有出现，但容易遭到党员及支持者的诟病，这表明共产党的选举路线与阶级斗争路线有时存在不一致的地方。

随着 2020 年大区议会选举的失利，留尼汪共产党在左翼政治合作方面的影响力日益缩小，博弈能力下降。留尼汪知名政治家贝洛脱离留尼汪共产党并自行组党，此后她从地方施政出发，出任最大自治市圣保罗市市长。在 2021 年大区议会选举中，她还获得"不屈法国"和法国社会党的大力支持进而击败了留尼汪右翼政治力量，并掌握大区议会的多数。而留尼汪共产党虽然与法国社会党在大区议会中也进行合作，但并未产生很大的政治影响。

第四节　留尼汪共产党与工人阶级关系的演变

留尼汪作为法国海外大区，虽然人口数量、经济规模相对有限，但总体发展水平在非洲居于前列。就实际情况来看，留尼汪经济结构长期以来以农业、渔业、旅游业为主，工业化程度较低，对进出口贸易的依赖导致其经济表现易受外部经济形势变动的影响。如2009年受国际金融危机以及留尼汪本地建筑业低迷影响，留尼汪国内生产总值下降2.7%，成为1993年以来经济表现最糟糕的一年。同时留尼汪就业机构覆盖领域相对较窄，工人流动性较大，失业率尤其是青年失业率较高，社会贫富差距问题始终存在。如2009年，52%的居民生活在贫困线以下，50%的年轻人就业不足；2017年，失业率为30%，40%的人口生活在贫困线以下。在就业人口中，留尼汪人的最低工资不仅低于法国本土，而且高级职位也往往为法国本土人士占据。作为海外领土，留尼汪又受到法国政府的长期大量援助，这使得当地失业人口和贫困人口在很大程度上依赖法国中央政府提供的福利。但是不少法国政府补贴或援助，实际上又落入留尼汪本地资本家或法国本土公司手中，最终又回到法国本土或流向世界其他地方。此外，法国政府虽然为留尼汪教育、卫生等部门提供大量援助，但是仍存在很多不足，如留尼汪大区学生接受义务教育的上限为16岁，16岁以上学生的就学率远低于法国本土。同时留尼汪本地培养的青年、中年人才也由于多种因素外流，导致当地人才短缺问题较为突出。

留尼汪共产党强调，作为一个真正代表工人阶级利益的政党，要在政治上将工人阶级的诉求转化为阶级要求，进而推动工人阶级组织起来并实现自身目标。留尼汪共产党自成立以来长期强调自治和平等，谋求推动留尼汪人掌握留尼汪事务以及促进留尼汪经济社会平等。但是在资本主义环境下，自治明显具有民族主义的色彩，涵盖了包括资产阶级在内的各种社会政治力量，而平等也只能是谋求相对平等且缺乏相应的手段和措施。留尼汪大区为数不多的工人队伍对留尼汪共产党的认知也在发生变化。这种变化最初体现为他们积极与共产党一道争取废除殖民地地位并争取地方经济社会权利等，尤其是留尼汪共产党的一些重要领导人出身工会或工人运动，他们更是动员大批码头工人、农业临时工、铁路工人和工厂工人等基于共同诉求配合共产党的斗争。但是随着 20 世纪 80 年代留尼汪共产党与法国社会党开展合作乃至配合社会党的全国施政，留尼汪共产党的政策表现出一定的妥协性，政治口号与政策实践的差距有所拉大。尤其是该党尽管持续提出诸多经济社会问题，并批评这些不公平现象的产生，但是并没有提及阶级斗争，也没有对特权阶级或资本家提出激烈的批判。同时，该党谋求通过向工人阶级提供更多信息，让他们了解自身的处境，接受共产党的领导并一道进行斗争。加之该党在候选人提名上有时更趋向右翼政治家或资本家，这些都对工人阶级产生不少消极影响，进而导致不少工人或工会对共产党的疏远。特别是在 2010 年大区议会选举中，该党提名了多位不受欢迎的资本家，引发党内反对以及不少传统社会支持者的抵制，进而导致该党在不少地方选举中失利。

随着留尼汪大区民众尤其是选民对地区政党政治的了解深入以及政府政策的进一步认知，其对留尼汪各类政党政策的了解也更加全面。不少留尼汪民众认为本地区多数政党在国家层面和地方层面的政策大同小异，而更加关注政党领导人的个人魅力和政治色彩。在这个方面，脱离留尼汪共产党的左翼政治家贝洛获得了更多支持。此外，留尼汪当地部分选民对传统的左右翼之争也有所不满，在几次法国总统选举中均曾出现极右翼政党"国民阵线"候选人玛丽娜·勒庞在留尼汪支持率高于法国本地的情况。

第五节　总结

留尼汪共产党走过 60 多年历程，在留尼汪大区政党中属于左翼阵营。该党在资本主义制度以及留尼汪特殊的政治环境下运作，其政治主张和政策诉求需要贴近留尼汪实际，进而争取当地多数选民的支持。因而，其关于地方自治、环境保护、强化留尼汪人文化特性和身份等的诉求有其历史和现实意义。但是留尼汪的政情始终处于变化之中，选举政治日益复杂，尤其是政党的碎片化持续发展、地方微型政党的新发展冲击传统政党政治，选民的日益碎片化以及思想观念的多样化也影响到不同政党的支持基础，同时法国本土传统政党政治遭受冲击以及选民的立场变化也影响到留尼汪的政党政治。如 2021 年留尼汪大区议会选举的两轮投票率均低于 50%，表明选举竞争的多变性日益明显。就对法国本土以及欧洲的态度来看，多数留尼汪政党都有所期待并持合作态度。在新的政治环境下，留尼汪共产党要提高政治竞争力，就必须把握留尼汪经济社会政治形势，不仅要提出适应当地多数选民的宏观政策，而且要有能力推动其逐步落实，进而提升选民的认同度。尤其是对于一些关系留尼汪民生的项目，留尼汪共产党需要进一步发挥协调作用，着力引导社会大众和各方力量形成共识。

留尼汪共产党现在仍面临如何进一步争取社会大众支持以及加强党内团结的难题。面对变化的留尼汪社会结构，留尼汪共产党不仅要同法国社会党、"不屈法国"、法国共产党竞争，还要同"为了留尼汪"等进行竞争，以巩固传统选民基础，并争取新的社会支持。鉴于左翼政党都在加强对底层社会尤其是工人、失业者等群体的工作，留尼汪共产党的政策诉求只有更具竞争力和吸引力，才能够不断扩大社会政治基础。为此，该党一些党员干部也提出，需要进一步回归共产党的本质属性并改变阶级合作的政策，尤其是不仅要质疑资本主义生产和消费模式，而且要予以更多批评，进而推动工人阶级更多参与到共产主义斗争之中。这种思想理念近年来在留尼汪共产党内部得到一定发展，并体现在该党的一些政策主张上。但是面对党内分歧始终存在以及政治实力下降的情况，留尼汪共产党党内整合的能力也不同程度出现下降。尽管该党也强调尊重党内辩论，但是不得不承认，现在留尼汪共产党最需要的不是增加争论，而是推动让党内观点更加接近共识。

第九章　莱索托共产党的社会主义探索与新发展

莱索托共产党依托南非共产党支持成立，在冷战期间以及冷战结束后一段时间，积极利用各种有利条件和因素，着力发挥社会主义政党和进步左翼政党的政策影响作用，助力本国民主建设、社会发展和经济增长，并竭力推动本国政治改革。21 世纪以来，面对不利的国内政治形势以及意识形态困境，该党重视通过"借壳"运作以及政治联合等方式，努力体现党的存在和价值。但是严峻的政治、经济和社会形势以及选民心态的变化，对该党带来巨大挑战，尤其是莱索托政党竞争去意识形态化，更是阻碍了该党的发展。未来该党如果继续坚持默默无闻的立场，可能进一步被边缘化，进而陷入更大的困境。

第一节　莱索托共产党的历史发展

纵观莱索托政党政治发展史，莱索托共产党很少被主流研究成果或文献记载，实际上该党是莱索托第一个左翼政党，对莱索托政党政治影响较为深远。莱索托共产党的成立有着深刻复杂的国内外背景。自 19 世纪 50 年代开始，莱索托就被英国殖民者设计为南非的劳动力来源地之一，这使得莱索托与南非形成了复杂的关系。在 20 世纪 50

年代，莱索托涌现出了不少争取民族自决和平等的斗争，不少莱索托人反对本国并入南非。在南非 1961 年退出英联邦后，不少莱索托人倾向支持南非的反对种族隔离运动。尤其是很多来自莱索托的移民工人，他们受到南非白人政权的残酷剥削，因而产生了强烈的不满情绪以及斗争意愿。当然，不少在南非的莱索托人开展的斗争也获得南非非国大和南非共产党的帮助和支持。

1962 年 5 月，莱索托共产党在南非共产党的帮助下成立，其创始领导人为约翰·莫特洛赫洛亚，其他早期领导人包括莫哈菲西·凯纳和塞法利·马里法内等。该党早期运作获得乔·马修斯的资助，马修斯系南非非国大党员和南非共产党党员，作为一名律师，他于 20 世纪 50 年代后期逃往莱索托，并在那里参与了政治活动。新成立的莱索托共产党认为"英国帝国主义"及其盟友"南非白人帝国主义"是对莱索托经济繁荣的最大威胁，只有实现自由才能解决莱索托的落后问题；强调该党是一个工农政党，目标是建立莱索托社会主义共和国；谋求同全国各类爱国政党合作，建立统一战线，以实现完全独立和民族解放。因而，该党宣布为实现目标，将与任何志同道合的政党或组织携手合作，共同反对帝国主义。20 世纪 60 年代，该党内部派系问题显化，党内矛盾有所激化，使得党的运作出现不小的问题。20 世纪 60 年代中期，马修斯离开莱索托，这对该党的财务产生一定影响。尽管该党选举竞争力相对不大，但是往往在全国辩论中发挥重要影响力，并凸显了左翼进步力量的价值和特色。

莱索托第二次多党选举于 1970 年举行，主要反对党巴苏陀兰大会党赢得选举，但是巴索托国民党政府拒绝承认大选结果、拒绝放弃国家权力，并选择暂停宪法、出台《镇压共产主义法案》以及取缔莱索托共产党。上述情况对莱索托政党政治产生极大冲击，也引发莱索托国内不少政治力量的反对。1971 年莱索托共产党被捕的主要政治人物获得释放但仍长期受到本国警方的监视，为此该党转入地下活动。1984 年，处于地下运作的莱索托共产党策划成立祖国联合阵线，其目的是对民族主义政党施加压力，推动民主政治的发展；促进建立共产党的选举联盟以及保卫南非共产党等进步力量在莱索托的存在。当年，莱索托共产党内部亦发生分裂，起因是该党受到国内外政治力量的影响，内部出现新的裂缝，后来该党达成一定共识即支持巴索托国民党政府并协助推动非国大争取南非民主化。与此同时，莱索托共产党也批评了巴索托国民党的国内高压政策。在 1985 年莱索托选举中，几乎所有反对党都抵制选举。尽管莱索托军政府实行宵禁和打压政策，莱索托共产党还是成功组织地下集会，展示了党的社会影响力；在分析该国所处的内外环境基础上，该党积极探索政治斗争的方向，并决定给予南非非国大武装组织"民族之矛"一些后勤和物资支持，以促进该武装组织在莱索托的活动。部分莱索托共产党员参加了 1986 年的莱索托军事政变，获得一些政治职位，该党创始领导人之一马里法内被任命为政府部长。1991 年政变后的莱索托军政府承诺举行选举，并于当年解除了对共产党的禁令。军政府还邀请莱索托共产党参加制宪会议以及修宪工作。受内部和外部压力影响，莱索托军事统治于 1993 年结束。这使得在中断 23 年之后，莱索托重新恢复多党选举并为平民政治铺平了道路，也为莱索托共产党等进步左翼政党提供了参政空间。1994 年在南非结束种族隔离统治以及非国大、南非共产党等左翼政治力量掌权后，莱索托共产党又一度公开主张与南非合并并以此作为党的政治纲领。

此外，面对严峻的国内形势，莱索托共产党还重视借助进步社会组织的力量，在国内政治意识形态相对不利的情况下"借壳"发声和发力。其中，莱索托共产党领导人凯纳和克里斯·哈尼等推动在 1976 年成立了南部非洲学生行动与团结委员会，目的是培养学生的领导力，招募学生携手反对新殖民主义和种族隔离。南部非洲学生行动与团结委员会积极组织莱索托学生参加政治活动，以及加入莱索托共产党组织的一些政治行动。1990 年，在莱索托国立大学一些教师推动下，人民民主阵线成立，其最初拥有一个社会主义纲领，但后来立场有所软化。人民民主阵线宣称代表工人和农民的利益，也代表中产阶级和知识分子的利益。其与莱索托工会有着较多联系，同时也与南非非国大和南非共产党有联系。该组织于 1993 年首次参加选举，1998 年提议将选举制度改为比例代表制，2002 年首次获得一个议会席位，此后多次获得议会席位，成为莱索托重要政党之一，其一般得票数在一万张左右。2014 年，人民民主阵线还针对国内政治危机，呼吁成立一个由所有主要政党参加的民族团结政府，以结束莱索托普遍存在的政治不安全问题并维护国家的和平与稳定。2015 年 2 月，莱索托提前举行大选，民主大会党联合人民民主阵线等组成联合政府。此举表明人民民主阵线进入国家政治核心，但随后受新的政党分化组合影响，人民民主阵线未能继续参与组阁。在 2020 年莱索托政府改组后，人民民主阵线虽然未能参与联合组阁，但是党主席也出任了政府部长。2022 年莱索托议会选举后，人民民主阵线众议院席位从 3 个减少为 1 个，政治实力下降明显。鉴于与人民民主阵线的长期友好合作关系，莱索托共产党往往也借助人民民主阵线平台参加选举，共产党领导人由此担任民选议员或官员。只是由于莱索托共产党长时间相对默默无闻，政治能见度日益下降，政治活动空间大为缩水，当前已不大为莱索托民众重视和媒体关注。

第二节　莱索托共产党的思想路线探索

莱索托共产党的诞生恰逢冷战如火如荼推进之时，该党认同十月革命以及新中国成立等重要事件对世界社会主义运动的影响，赞赏社会主义，肯定社会主义国家短期内取得的社会主义发展成就、谋求学习参考以尽快实现本国的工业化和现代化，争取摆脱对西方的依赖；反对帝国主义，反对西方矿业企业垄断莱索托资源、主张建立国家经济主权；认为世界社会主义阵营对亚非拉地区的民族解放运动有着巨大的促进作用；认为从文化上来看，社会主义对集体主义的推崇更接近非洲传统文化，更有利于团结和争取非洲人民的支持。莱索托共产党还认为世界社会主义是自由主权国家人民的社会、经济和政治共同体，它寻求社会主义和共产主义道路，并借助共同利益和国际社会主义联系在一起。从莱索托实践来看，莱索托共产党在成立之时，还在一定程度上将民族主义与共产主义紧密联系，反对西方资本主义，反对帝国主义干涉和侵略，谋求在推动本国实现独立进程中，找到一条不同于资本主义的替代发展道路，进而为国家的未来发展创造更好的条件。其中既有借鉴苏东社会主义国家执政党的成功之处，也有参考当时部分非洲国家社会主义探索的经验之处。

莱索托共产党刚成立时的党章宣称该党是一个新型马克思列宁主义政党，代表工人阶级和捍卫全民族的利益，并以最先进的政治经济理论——马克思列宁主义为指导。宣称坚定地捍卫自由、独立和国家自治，并将此视为唯一通向莱索托社会主义共和国的道路。最终目标是建立无产阶级专政，并通过变革实现共产主义。当然，莱索托共产党对于本国实际情况有着一定的清醒认识，认为上述目标还属于将来式，强调尽管莱索托由于特殊的历史原因，经济社会比较落后，但仍可以取得独立并基于非资本主义经济建立民主国家，进而在进步世界帮助下走向社会主义和共产主义。为了实现国家独立和建立民主国家，该党呼吁终结所有的殖民主义"外壳"，如公务员、国防、国内安全、邮政和电报、通信、铁路、货币以及其他主权机构的权力。坚决维护国家独立并谋求成为联合国会员国，进而与所有国家建立良好的外交和经济关系，其中包括宗主国英国以及其他新独立的非洲国家，还要求南非承认莱索托的独立和国家主权。声称将制定全国规划，以勘探和利用矿产资源及其他资源，用好国家财富，进而实现道路和通信的现代化，加强工业建设并提高人民生活水平和增加就业。该党将通过利用国家财产——土地，来推进农业机制改革，并强调对所有性质的土地而言激进改革是必需的。要求立即对劳工招聘事务实行国有化，提议建立国家银行和货币体系，推动实现公民自由（包括言论自由、媒体自由、迁徙自由和信仰自由）。

苏东剧变后，莱索托共产党也深刻反思苏联共产党失败的教训，其时任总书记凯纳没有接受共产主义失败或死亡的观点，而是认为共产主义遭受了一定挫折。与此同时，受世界银行、国际货币基金组织等影响，莱索托政府积极推动结构调整方案（第一阶段为1988年4月至1991年3月），该方案的目标是修正财政预算和减少国际收支赤字，进而发挥个体作用并促进生产和出口。面对新趋势，莱索托共产党也表现出了一定的灵活性，比如凯纳曾就电力私有化问题表示欢迎，认为这是一个渐进的私有化进程，可以破解国家垄断电力的情况，并允许本国小企业家参与发电和电力销售，认为这将为小商人提供额外的利益。

此外，莱索托共产党的重要领导人乌亚尼·蒂哈利在开展党的活动时，也积极推动工人运动。他于1986年公开反对莱索托军政府，此后持续反对莱索托的资产阶级政府。1990年，蒂哈利在整合莱索托三个教师组织的基础上创立了莱索托教师工会并担任秘书长20多年，其间他积极推动政府听取教师的意见，并在政府忽视教师利益的情况下，组织全国性的罢工罢课活动，维护了工人阶级利益。蒂哈利还极为看重推动南部非洲国家更大程度的一体化，特别是把重点放在莱索托与南非的合并问题上。

随着莱索托国内部分选民对本国与南非合并的热情及动力下降，莱索托共产党相关主张受到更多的质疑，加之莱索托主要政党日益缺乏意识形态，这使得莱索托共产党的社会主义理念以及与南非合并的主张都受到极大的冲击，难以获得选民的支持，进而在思想理念上陷入不小的困境。

第三节　选举政治联盟对莱索托共产党的冲击和影响

莱索托是南部非洲地区一个山地小国，人口仅有220万，截至

2022 年 10 月合法注册政党却有 65 个。可以说，莱索托的政党竞争非常激烈，甚至在烈度上超越了很多发达国家。由于莱索托政党登记显得比较宽松，使得政党登记造假以及政党分裂成为普遍现象。莱索托议会 120 个席位中，有 80 个通过简单多数制产生、40 个通过混合比例代表制产生，这就导致莱索托进入议会的政党数量较多，政党往往需要通过结盟的方式才能掌握国家权力。莱索托的多数政党已经认识到组建选举联盟的重要性，并在选举前后积极开展结盟工作。由此，执政联盟可以维持执政期间的多数地位，进而巩固自身政治地位；新的政党也可以借助结盟进而获得掌握政治主导权或影响本国政治的机会。

从实际情况来看，莱索托选举联盟以往很少见，直到该国在 2007 年选举前转向混合比例代表制才出现政治结盟的浪潮。结果，长期执政的莱索托民主大会党与民族独立党结成联盟。2012 年 2 月，莱索托民主大会党发生分裂，导致该国政坛剧变；5 月莱索托举行大选，民主大会党获得议会 48 个席位，而全巴索托大会党、莱索托民主大会党、巴索托国民党等 3 个政党成功结盟，占据议会多数并赢得执政权。2014 年以来，莱索托执政联盟内部矛盾不断激化，引发军警冲突，政治、安全形势发生急剧变化，导致联合政府走向解体。经南部非洲发展共同体调解，莱索托于 2015 年 2 月提前大选并组成七党联合政府。2017 年莱索托再次提前举行大选，全巴索托大会党、民主人士联盟、巴索托国民党、莱索托改革大会党组成的反对党联盟在大选中胜出，组成新一届政府。在 2022 年议会选举中，新成立的繁荣革命党赢得议会 120 个席位中的 56 席，尽管该党强调单独执政的重要性，但还是根据政治需要，与两个较小的政党——民主党联盟和经济变革运动开展合作，以确保组建政府所需的议会多数席位。该党之所以选择与这两个政党合作，是因为拥有共同的愿景，即主张削减政府支出并努力向莱索托人民提供更好的政府服务。对于新的执政联盟，莱索托内部也存在不同看法，不过总体认为执政联盟必须努力履行竞选宣言，否则就可能陷入生存危机。也有看法认为该执政联盟未来可能存在三种垮台方式：其一是联盟内部发生冲突，可能表现为执政联盟伙伴在政府项目招标、人事任命等方面存在滥用职权的情况，进而导致公共资源被滥用；其二是出现腐败丑闻，一旦执政联盟伙伴出现腐败问题，就可能引发社会不满，进而削弱联合执政的基础；其三是议会合作基础消失，鉴于三党联盟仅掌握议会简单多数，一旦执政联盟成员出现离心倾向，就可能在议会投票以及政府施政方面出现分歧，进而导致联合政府难以获得必要的立法支持。

影响莱索托政党组建政治联盟的因素很多，但更多的还是现实利益。毕竟该国很多政党既没有完整的组织体系，也没有鲜明的意识形态。尤其是在莱索托独立选举委员会注册的政党可以获得经费支持，用于组织竞选以及支付政党代理人。在莱索托民族主义兴起以及南非种族隔离制度取消后，莱索托的政党意识形态差异越来越小，倾向推崇自由市场经济、促进国家发展，以及提升民众的幸福感。因而，很多莱索托政党都转向发展主义，谋求推动国家转化为发展型国家，进而实现可持续发展。如在 2022 年莱索托议会选举竞选中，该国多数政党都提出振兴经济，与失业作斗争，创造就业机会，消除贫困，打击腐败以及改善国家经济等主张。因而，在选举政治联盟的组建中，主要政党的政治考量成为重要的组建联盟标准，这就使得莱索托共产党、人民民主阵线都难以获得较好的政治博弈机会，进而难以在政治博弈中占据一定的主动权和影响力。

此外，针对莱索托多年来执政党与政治人物不负责任、很少履行政治承诺的情况，选民对莱索托的政党政治的不满也不断创造历史记录。如 2017 年只有 47% 的选民投票，2019 年接受调查的莱索托人中只有不到一半认为选举是选择领导人的最佳方式，2022 年大选投票率仅为 38%。在此背景下，一些老的政党遭到沉重打击，如全巴索托大会党的议会席位从 48 个下降到 8 个。一些新的政党和政治家则顺势而起，如莱索托首富萨姆·马特凯恩在运输、建筑、房地产和采矿等领域的业务庞大，还通过慈善捐赠提高了公众知名度。受多方面有利因素影响，马特凯恩在大选前成立的繁荣革命党第一次参选就赢得胜利。这说明莱索托选民的政治审美立场有了新变化，对政党和领导人的管理能力期待更高，也就是说，谁更有能力引领国家走向富强，谁就有更大机会胜选。而莱索托共产党则因为长期倾向批判，创新和管理能力相对不足，自然难以引起选民的广泛关注。

第十章　当前资本主义国家共产党的国际形势认知

——以共产党和工人党国际会议成果为主要分析框架

自从科学社会主义诞生以来，科学认识国际形势、精准研判国际斗争的焦点以及谋划未来的斗争方向和策略成为世界各国共产党的内在要求。马克思、恩格斯、列宁等马克思主义经典作家更是高度重视国际形势变化和国际政治斗争，提出了一系列重要思想和观点，以此指导一些国家的国内革命并推进无产阶级国际合作。

苏东剧变后，一些资本主义国家共产党持续分析研究国际形势变化、国际秩序演变以及社会主义与资本主义两制关系演进，进而探索推进自身建设并谋划新的国际斗争之道。1998年共产党和工人党国际会议首次召开后，各国共产党有了广泛的国际交流平台和机制，围绕国际形势、资社斗争，以及涉及人类和平与发展的诸多重大议题进行直接交流对话并形成多数或部分相近的认识。尤其是2008年国际金融危机爆发以来，共产党和工人党国际会议更是围绕资本主义危机、反对资本主义和帝国主义剥削、抵制帝国主义战争，以及纪念十月革命100周年等议题，深入探讨世界社会主义的任务和斗争策略，以加强无产阶级国际主义和反帝国主义斗争。全面细致梳理有关资本主义国

家共产党参加共产党和工人党国际会议的发言以及会议的集体诉求或
声明，可以更好地理解资本主义国家共产党对国际形势变化的宏观认
知。虽然非洲国家共产党参会的情况相对不多，但也可以借此了解非
洲国家共产党的相关理念和政策主张，并在一定程度上把握非洲国家
共产党的相关认知，以及通过横向比较掌握非洲国家共产党与其他资
本主义国家共产党的认知异同。

第一节　当前资本主义国家共产党视域中的国际形势

通过观察 20 多年来的 22 次共产党和工人党国际会议以及部分特
别会议，可以看出与会政党绝大多数为资本主义国家共产党。多数情
况下参会的资本主义国家共产党达到六七十个，尽管数量仅为资本主
义国家共产党总数的一半左右，但由于参会政党的地域性和国别代表
性较强，因而该会议具有很强的国际代表性。非洲国家共产党受经济
条件、理念认知等因素影响，参会的不多，参会的主要有南非共产党、
阿尔及利亚民主与社会主义党、马达加斯加独立大会党等。这些非洲
国家共产党的零星参会在一定意义上代表了非洲国家共产党的部分思
想及政策诉求。总体上看，大多数资本主义国家共产党代表基于多层
次视角，围绕不同参会议题，观察和判断国际形势对本国、本地区乃
至全球的影响，进而探讨影响其战胜资本主义、实现社会主义的外部
因素。当前，多数资本主义国家共产党的大体判断是：以美国为首的
帝国主义国家与其试图控制的其他国家之间的斗争日益激烈，随着资
本主义危机的加重，帝国主义国家的霸权图谋越来越难以实现，世界
无疑将最终走向社会主义和共产主义。

（一）资本主义从神话走向危机

苏东剧变 30 多年来，资本主义经历了由高到低的国际认知变化，
从自认终结历史走向被广泛抨击陷入系统性、制度性危机，进而引发

国际意识形态斗争的深刻变化。上述情况对资本主义国家共产党产生多样化影响，引发其持续思考和反应。资本主义世界的阶级矛盾和阶级斗争日益尖锐，贫困、失业、劳资矛盾和社会对抗等问题日益严重，帝国主义的掠夺性和破坏性与日俱增，但是其联动影响日益深入，催生更为复杂的社会思想斗争。其中社会民主主义、保守主义等传统思想理念受到一定的冲击，极端民族主义和民粹主义有所抬头。尤其是极右翼思想的持续发酵，引发一些西方国家出现新的反共思潮。如欧洲多个国家、澳大利亚等持续加大对共产主义思想和舆论的攻击，谋求从新闻舆论、教材设计、立法限制等多个方面约束宣传和支持共产主义的言行。少数资本主义国家更是意图将共产主义等同于法西斯主义，旨在遏制左翼进步力量和社会大众的正义言行。对此，不少资本主义国家共产党一方面普遍认为，马克思主义经典作家关于资本主义的科学判断是正确的，资本主义绝不可能解决自身的固有矛盾，只会不断陷入危机并走向毁灭。如瑞典共产党表示："我们目睹了一场意识形态的崩溃，这对资本大祭司来说完全是一个惊喜。市场的咒语也失效了，但不管资本大祭司如何辩解，经验证据揭示了马克思主义者一直知道的一点——资本主义的灾难性问题无法在资本主义制度框架内得到解决。"① 法国共产党指出："法西斯主义在育肥新自由主义带来的困惑和失望。"② 葡萄牙共产党表示："在资本主义矛盾日益尖锐的当下，大资本利用疫情来加大对工人的剥削，迫使社会倒退，攻击自由和民主，发起反动和反共的意识形态进攻，以促进垄断的集中并巩固其经济和政治主导地位。"③ 另一方面普遍认为资本主义危机一再显

---

① Communist Party of Sweden, "The Root of the Crisis-Exploitation of the Working Class", http://www. solidnet. org/article/e36fae92-e2c2-11e8-a7f8-42723ed76c54/.

② Gilles Garnier, "Contribution of the French Communist Party to the 15th International Meeting of Communist and Workers' Parties", http://www. solidnet. org/article/5571be52-e2d1-11e8-a7f8-42723ed76c54/.

③ Portuguese Communist Party , "Contribution to the Extraordinary Teleconference of the International Meeting of Communist and Workers' Parties", https://www. solidnet. org/galleries/documents/Contribution-of-the-PCP-to-the-extraordinary-conference-of-the-IMCWP. pdf.

示了社会主义的正确性，坚定了共产党人对社会主义和共产主义的信念，尤其是相信当前仍处于资本主义向社会主义过渡的阶段。如比利时工人党表示："世界资本主义危机的系统性和长期性特征、国际力量相互关系的变化，以及世界各地工人、人民的斗争和起义，都显示革命力量提升的机会要比反动力量多。在 21 世纪，应有更多信心去见证资本主义唯一替代社会方案——社会主义的进步。"① 不少资本主义国家共产党还认为，年轻一代通过亲身感受资本主义的残酷和无序发展，不会再相信资本主义可以提供有效的社会保障，而会接受左翼的替代方案。但是也有一些资本主义国家共产党担忧社会主义尽管在思想上得到一定程度的国际认可，但这种认可并未明显地转化为资本主义选举政治中的选票。

（二）国际秩序从单极向多极发展

尽管不少资本主义国家共产党受自身力量、政治地位及关注领域等因素影响，偏重本国及地区事务，但也有一些资本主义国家共产党重视国际秩序等宏观议题。尤其是部分资本主义国家共产党基于苏东剧变以来的国际秩序演变，认为自由主义国际秩序危机重重，美国已经不能延续冷战结束后一度形成的单极主导局面，多极化趋势显著发展。其突出表现是：国际体系演变中的国际政治参与者博弈激烈，持续推动形成新的权力中心或集团，促进多中心的世界成为现实。西方资本主义国家虽然仍占据重要的国际地位，但是在应对资本主义危机方面必须与更多的新兴经济体合作，同时也越来越难以在世界事务中推行其既定的政策立场。但是以美国为首的西方资本主义国家不会接受国际秩序主导权渐进转移的现实，还为此开展了持续的"维权"努力，进而引发更大程度的国际斗争。尤其是世界范围内争取正义与公正的国家和人民不断抵制帝国主义和资本主义政治右翼的威胁，使得

---

① Workers' Party of Belgium , "Contribution to the 15th International Meeting of Communist and Workers' Parties", http://www. solidnet. org/article/ebb9f6db-e2d3-11e8-a7f8-42723ed76c54/.

世界进入一个难以逆转的转型期和重构阶段，即美国单极霸权走向衰落与多极化世界愈发明显。如捷克和摩拉维亚共产党认为："关于美国以及更大意义上的西方在国际关系中的主导神话已经终结。在单极世界的废墟上，一个新的政治秩序正在崛起，它在政治、经济以及军事上表现为多极。"① 同时也有部分资本主义国家共产党认为，尽管多极化已成为新的政治现实，但单极体系的真正结束还需要一段时间，世界人民还需要承受更长时间的痛苦。

（三）国际斗争日益进入新的阶段

随着资本主义危机的持续发展以及国家间力量对比的深刻变化，西方资本主义国家的危机感上升，对外政策的保守性和极端性趋向明显。其突出表现是：美国作为唯一超级大国的焦虑心态增多，积极联合全球盟友阻遏任何可能挑战美国霸权的新兴力量，使得国际形势的紧张化和国际竞争的白热化不断加剧。同时西方资本主义国家持续探索新的生存战略，其中有些极力诉诸单边主义，有些试图遏制多边主义，还有一些则推行自相矛盾的对外政策。部分资本主义国家不惜通过人为制造"敌人"甚至叫嚣"新冷战"，进而为其推进的国际斗争营造合法性。当前，中国与俄罗斯被美国等作为主要的斗争对象。对此，部分资本主义国家共产党断言，当今世界进入了美中对峙以及俄罗斯与欧美对峙的时代。如德国的共产党指出："在资本主义危机中，包括德国在内的帝国主义国家不仅在对内政策上，而且在对外政策上都变得更具进攻性。这一点体现在美国和北约对俄罗斯以及社会主义中国的包围上。"② 巴西共产党表示："中美愈益增多的争端构成了世

---

① V. Filip, "Contribution of the Communist Party of Bohemia and Moravia to the XXIst Meeting of the Communist and Workers Parties", http://www. solidnet. org/article/21-IMCWP-Contribution-of-CP-of-Bohemia-and-Moravia/.

② German Communist Party, "Contribution to the Extraordinary Teleconference of the International Meeting of Communist and Workers' Parties", https://www. solidnet. org/article/Extraordinary-TeleConference-of-the-IMCWP-Contribution-of-German-CP/.

界主要的地缘政治紧张局势，而且这种紧张局势仍在迅速恶化。美国的核心战略目标是不惜一切代价遏制中国，以恢复美国经济活力和扭转美国世界霸权的相对衰落趋势。拜登政府还采取一系列措施，以抑制中国崛起、军事遏制俄罗斯以及对抗中俄合作，进而维护美国的霸权地位。"① 比利时工人党认为："在美国领导下，西方帝国主义的主要目标是打击任何意图削弱其世界主导地位的国际挑战，这是其对中国酝酿和发动'新冷战'的唯一真正原因。这场新的冷战迟早有升温的风险。"②

（四）国际关系的军事化日益突出

资本主义危机的持续蔓延，不仅加重了资本主义国家的焦虑感，而且促使帝国主义更具侵略性，进而推动了国际关系一定程度的军事化。尤其是美国及北约的军事扩张给世界带来新的不安全因素，加剧了世界战争的风险。上述问题的根本原因在于美国无视联合国规则和制度，将其国家利益置于全人类利益之上，还借助全球军事优势随时准备在世界各地进行军事干预和军事进攻。这些使得美国在外交政策中战争挑衅、先发制人行为增多，推动美国日益成为中东、东欧、亚洲、拉美、非洲等地动乱的"黑手"，进而发展为世界动乱的主要根源。美国及北约的军事威慑与军事打击战略升级既是帝国主义扩张本性的公然表现，也是垄断资本主义的本质使然。对此，南非共产党指出："国际关系的持续军事化和武器化日益成为关注焦点。在非洲地区，美法两国及其联盟持续制造不稳定以及支持独裁者和军事政变，进而妨碍一些国家的民主化。美帝国主义要为全球不稳定、贫困和民

---

① Communist Party of Brazil, "Contribution to the Extraordinary Teleconference of the International Meeting of Communist and Workers' Parties", https://www. solidnet. org/article/ Extraordinary-TeleConference-of-the-IMCWP-Contribution-of-Brazil/.

② Bert De Belder, "For the Unity of the Working Class in Its Fight for Social and Democratic Rights, for the Climate, for Peace and for Socialism", https://www. solidnet. org/article/Extraordinary - TeleConference-of-the-IMCWP-Contribution-of-WP-of-Belgium/.

主被剥夺负责。它支持专制政权和政权更迭，实施非法和单边制裁，投掷炸弹、摧毁基础设施并造成数百万人死亡，是迄今为止最严重的侵犯人权行为实施者。当前的局势表明帝国主义危机在加重，其对人民的进攻更加猖獗。北约和美国的军国主义是今天人类面临的最大军事威胁，应该受到挑战。"① 印度共产党（马克思主义）认为："在亚太地区，存在一个新的帝国主义军事联盟，即美国、英国、澳大利亚三边安保联盟协定。同样也存在一个包含美国、日本、澳大利亚和印度的四边安全对话机制，其正在谋求正式化。在中亚地区，还存在另一个包括美国、乌兹别克斯坦、巴基斯坦和阿富汗的四边安全对话机制。所有这些军事联盟意在保持美国的军事霸权并帮助美国控制自然资源和市场，当然，也包括谋求遏制和孤立更具自信的中俄两国。"② 法国共产党指出："美帝国主义及其忠诚的北约军事集团对全世界的和平与集体安全构成严重威胁。军备竞赛和军备（订单）交付正在达到创纪录的水平。2020 年，有关国家为达成上述目标共花费5000 亿欧元。"③

第二节　理解资本主义国家共产党认知国际形势的五个维度

共产党和工人党国际会议与历史上的国际无产阶级国际组织有着较大的区别，其并非一个固定的实体组织并呈现明显去中心化特点，尤其是各国共产党参会意愿高度自由且通过的联合声明不具约束性。

---

① South African Communist Party, "Contribution to the Extra‑Ordinary Teleconference of the International Meeting of Communist and Workers' Parties", https://www. solidnet. org/article/Extraordinary‑TeleConference‑of‑the‑IMCWP‑Contribution‑of‑South‑African‑CP/.

② Communist Party of India (Marxist), "Contribution to the Extra‑Ordinary Teleconference of the International Meeting of Communist and Workers' Parties", https://www. solidnet. org/galleries/documents/extraordinary‑teleconference‑imcwp‑intervention. pdf.

③ French Communist Party, "Contribution to the Extra‑Ordinary Teleconference of the International Meeting of Communist and Workers' Parties", http://www. idcommunism. com/search/label/European%20Communist%20Initiative. www. solidnet. org/article/Extraordinary‑TeleConference‑of‑the‑IMCWP‑Contribution‑of‑French‑CP/.

各国共产党和工人党代表本党立场，可以根据对会议议题的兴趣自由参会和发言。从有关资本主义国家共产党在共产党和工人党国际会议上的发言表态来看，其对国际形势的观察体现了多元化维度，具有一定的客观性。

（一）国际无产阶级的维度

资本主义国家共产党作为左翼进步政党，基本以工人阶级、失业人口、贫困人口、边缘群体等为目标对象，在政策设计、奋斗目标上均以改善工人阶级处境为直接出发点。因而，资本主义国家共产党观察国际形势大多立足于阶级立场，围绕本国内部事务、对外合作，以及全球化框架下的国际无产阶级处境等进行思考，并形成多数共识，即全球化背景下的工人阶级处境更加困难，但工人阶级却难以通过自身努力获得改善。这与马克思"洞悉国际政治的秘密"的视角相似，只是全球化时代的工人阶级与 19 世纪中后期的无产阶级变化较大，由此带来资本主义国家共产党的相关认知也有所差异。尤其是不少资本主义国家共产党强调全球化具有一定的双刃剑作用，既为一些国家工人提供了更多工作机会，也导致一些国家工作岗位尤其是传统制造业岗位的流失，进而削弱了相关国家工人阶级的力量。此外，还在很大程度上增强了资本的博弈能力，并妨碍了各国工人阶级的相互认同和团结。一段时间以来，不少资本主义国家共产党抨击在资本主义危机深度发展的情况下，社会不公正、不平等问题变得突出，导致工人阶级及其他弱势群体处境更为困难并沦为资本主义国家政府援助方案的次要对象群体；强调在资本主义危机持续发展、资本主义国家工人阶级利益普遍受损的情况下，社会不满和愤怒大多转化为对民族主义、种族主义和保守主义等极端思想的支持，担忧可能产生新的法西斯主义，进而在一些国家酝酿内部冲突或对外战争的风险；谴责在资本主义国家饱受新冠疫情之苦的情况下，不少西方资本主义国家忽视医疗和卫生系统的能力建设，不愿进一步支持身处困境的基层民众，反而谋求扩大军费开支，对外不断挑起事端。多数资本主义国家共产党都反对本国资产阶级政府，指责其为了垄断资本的利益，参与帝国主义军事联盟并派兵干预国外事务。如奥地利劳动党指出："奥地利早在资本主义危机之前就加强军事建设并融入帝国主义联盟，包括参加欧盟与北约和平伙伴关系、'永久结构性合作'联合防务机制。劳动党一再批评奥地利政府深度卷入外部军事联盟的危险计划，尤其是工人阶级和平民的子女被派往国外执行军事任务，以维护垄断企业的利益。"① 法国共产党基于 2022 年总统竞选需要，更是强调国家主权和独立，要求退出新自由主义的欧盟及北约并谋求在联合国框架下建立新的集体安全机制。

（二）历史发展的维度

观察世界社会主义要有大的历史观，进而努力从历史演进中探索其中长期发展规律。自 1847 年第一个国际无产阶级政党——共产主义者同盟成立以来，各国共产党都重视对国际形势的分析和研究，其核心是把握国际敌对势力对共产主义的立场变化以及双方具体斗争情况，进而采取相应的应对政策，以促进世界社会主义可持续发展。当前的社资之争与 19 世纪下半叶、20 世纪初、冷战期间，以及冷战结束后的 20 年既有着一定的相似性，也有着较大的差异性。其中一方面，帝国主义和西方资本主义国家着力从政治、经济、文化、军事等各个方面保持对共产党的围堵和打压。尤其是在意识形态领域，持续歪曲共产主义，否定社会主义历史及其成就，并意图借此弱化国际无产阶级力量。当然受历史环境、力量对比等因素影响，帝国主义、资本主义的相关打压形式有所变化、力道有所差异。另一方面是帝国主义和西方资本主义国家攻击的重点有所变化，从最初的欧洲无产阶级政党，发

① Party of Labour of Austria, "Contribution to the Extraordinary Teleconference of the International Meeting of Communist and Workers' Parties", http://www.solidnet.org/article/Extraordinary - TeleConference-of-the-IMCWP-Contribution-of-Party-of-Labour-of-Austria/.

展到以苏联共产党为主要代表的世界社会主义力量，再演变为以中国共产党为主要代表的现存五个社会主义国家执政党及资本主义国家共产党与其他左翼进步力量。尤其是当前美国不惜人为炮制西方世界的"共同敌人"并拉拢或挟持其他西方国家，共同打压世界社会主义力量及一些左翼进步力量。如英国共产党表示："西方大国不仅将中国视为主要经济竞争对手，而且认为中国给国家垄断资本主义和帝国主义提供了意识形态与政治上的替代方案。""今天的危险在于美国、英国和北约以'新冷战'的形式向中国展现敌意，尤其是其在意识形态和政治领域与中国的竞争呈现了第一次帝国主义冷战中针对苏联的特征。"① 此外，帝国主义及西方资本主义国家内部矛盾也持续演变，其从公开的内部战争，转向了美国主导下的多种形式的西方联合。当然这种西方联合由于美国自身力量及美国对外战略的变化呈现出一定的可变性，在某些情况下客观上加剧了西方资本主义的内部矛盾和斗争。这些为各国共产党争取动态性国际支持、打击阶段性主要敌人提供了一些契机。

（三）国际现实的维度

今天的资本主义世界发生了很大变化，其对无产阶级政党尤其是共产党的发展既是机遇也是挑战。部分资本主义国家共产党立足本国实际，实现了在政党党员数量、各级议会席位、执掌的地方政权数量以及联合执政等多方面的进展，但是这些都不足以推动资本主义国家共产党通过选举政治实现单独或牵头联合执政。这就使得资本主义国家共产党绝大多数缺乏制定或完善政策的权力，进而难以有效影响资本主义国家的内外政策。对此，多数资本主义国家共产党有着较为深刻的认识。其一，认同世界社会主义仍处于战略防御时期，强调社会

---

① Robert Griffiths, "Contribution to the Extraordinary Teleconference of the International Meeting of Communist and Workers' Parties", http://www.solidnet.org/article/Extraordinary-TeleConference-of-the-IMCWP-Contribution-of-CP-of-Britain/.

主义作为一种科学思想难以得到充分的认可、作为一种社会制度难以有效实现，因此世界社会主义革命的条件仍不成熟。如匈牙利工人党表示："我们知道资本主义正处于危机之中，但问题是时代是否已经进入了马克思和恩格斯教导我们的推翻所有现存社会条件的时期，或许还没有。这无疑是问题所在。""欧洲现在没有革命的环境，但是有着优化革命环境的一些具体条件。"① 其二，认为资本主义国家共产党虽然力量弱小，但仍需竭尽全力反对帝国主义在政治、经济、军事和地缘政治等领域的扩张主义，并努力推动世界进步力量的更多协调行动。其中的重点是抵制霸权主义的图谋，促进国际团结，推动建立国际和平秩序。不少资本主义国家共产党现阶段反对战后国际秩序及西方主导的一些国际机制，乃至公开抵制国际货币基金组织、世界银行等国际金融机构。但是多数资本主义国家难以摆脱现有国际机制的约束，甚至还有所依赖。这就使得不少资本主义国家共产党的斗争要求大多停留在思想和舆论层面，即便引发了一些街头抗议或斗争，也难以上升为国家的对外政策。其三，认为要加大反对资本主义国家的"政治右翼"。资本主义国家的右翼保守派日益激进化，在某些政策上甚至向极右翼民粹主义政党靠拢。资本主义右翼、极右翼政党的有关经济社会政策尽管缺乏包容性，但获得一些对社会现状不满的下层社会人士的支持，进而对共产党的传统社会基础形成一定冲击，这不利于国际无产阶级的团结和协调斗争。其四，不同程度认可拉美等地部分左翼进步力量取得的进展。部分资本主义国家共产党强调自身并非教条主义者，在坚持自身意识形态的同时，也谋求团结一些国际进步力量，共同开展反帝反霸行动。尤其是一定程度上认同，拉美新兴左翼尽管不符合主流的共产党意识形态，但是也可以在发展中进行修正。因而，不少资本主义国家共产党呼吁积极团结所有的左翼进步和民主力量，

---

① Hungarian Workers' Party, "Contribution to the Extraordinary Teleconference of the International Meeting of Communist and Workers' Parties", http://www.solidnet.org/article/Extraordinary-TeleConference-of-the-IMCWP-Contribution-of-Hungarian-WP/.

为人类社会的发展和进步共同奋斗。

(四) 国家利益的维度

作为体制内合法政党，绝大多数资本主义国家共产党需要遵守资本主义多党民主制的基本规则。其中既包括不能触犯本国的宪法、政党法等法律法规，也包括需要顾及本国基本民意舆情，还包括需要维护本国国家利益。如捷克和摩拉维亚共产党公开强调，"该党遵循符合捷克共和国大多数公民利益的外交政策路线，并主张在互惠互利、尊重主权和不干涉内政的基础上全方位发展多边关系"。[①] 因而，不少资本主义国家共产党尤其是参加本国重要选举并具有一定政治影响力的共产党在涉及本国对外关系尤其是国家利益时，大多表态相对谨慎。这导致一些资本主义国家共产党在提及对有关国际形势的看法时，有时不愿意就一些国际热点问题如领土争端、大国竞争等作出表态，甚至有时做出不太客观的表态。如少数资本主义国家因各种因素出现龃龉乃至战争，相关受影响国家的共产党基于国家利益需要捍卫本国立场，从而引发一定范围的不同国别共产党之间的论战。少数欧洲国家共产党基于生存需要持续向绿色社会主义靠拢，在对外关系中出现了不客观点评发展中国家内部事务以及本国与新兴经济体关系的情况。

(五) 世界未来发展走向的维度

尽管多数资本主义国家共产党对实现社会主义的路径和方式认知不一，但是对于最终实现社会主义基本有着坚定的信心。其中大多认为，资本主义的根本矛盾正在以灾难的形式持续爆发，资本主义危机不仅危及资本主义国家民众的生存和发展，而且也在危及人类文明的

---

① Czech Republic Communist Party of Bohemia and Moravia, "Contribution of the Chair of the Communist Party of Bohemia and Moravia Kateřina Konečná to the Extra-Ordinary Teleconference of the International Meeting of Communist and Workers' Parties", http://www.solidnet.org/article/Extraordinary-TeleConference-of-the-IMCWP-Contribution-of-CP-of-Bohemia-Moravia/.

进步，因而资本主义走向灭亡只是时间问题。但是世界资本主义目前仍没有分崩离析，而且也不会简单地走向自我灭亡，帝国主义仍将竭力维持不公正、不合理的全球霸权。当然，世界社会主义也从来都不是乌托邦，马克思主义经典作家关于社会主义的论述无论是在今天还是在未来都是极为正确的，社会主义将不可避免地成为世界现实。当然，实现世界社会主义的道路不可能一帆风顺，从长远来看，通过战胜帝国主义和资本主义走向社会主义无疑是必由之路。也有一些资本主义国家共产党明确提出，任何一种社会民主主义都不可能走向社会主义，对此要有清醒认识。如俄罗斯联邦共产党早在 2016 年就提出："俄罗斯共产党人深知本国回归到社会主义道路将是一场艰巨的斗争。""今天世界极度需要真相和正义，以促进人文主义和社会进步。生活已经证明只有共产党人可以对此要求作出回应。"①

第三节 资本主义国家共产党推动国际形势演变的主要做法

无产阶级政党历来重视认知国际形势和应对国际变局。鉴于面临帝国主义和西方资本主义等势力的多方打压，资本主义国家共产党一直在探索复兴世界社会主义之道，而且谋求从当下做起、从具体事务做起，以体现斗争的坚决性和长期性。核心是兼顾暂时的替代方案以及长期的变革方案，以渐进的方式推进国际体系和国际制度的变化，进而为推动国际形势的变化蓄积实力和能量。

（一）以国内斗争带动和促进国际斗争，进而影响国际形势的持续变化

世界社会主义事业需要各国共产党与其他左翼力量等的共同努力，但争取实现本国社会主义的斗争无疑取决于资本主义国家共产党的各

---

① D. Novikov, "Contribution to the 18th International Meeting of Communist and Workers' Parties", http://www.solidnet.org/article/22884fee-e2d5-11e8-a7f8-42723ed76c54/.

自努力。资本主义国家共产党抓好自身建设，推动本国在思想舆论、政治力量对比、对外政策等方面的变化，有利于影响本国决策进程乃至干预具体事项的决策，并对地区形势乃至部分国际议题产生突出影响。尤其是不少资本主义国家共产党强调站在人民一边，并紧紧围绕本国及其他国家无产阶级的需求，要求政府政策更多体现对工人、贫困人口及边缘人口等的倾向性帮助，加大对资本和大企业的征税力度，并不断完善社会保障体制。考虑到社会接受程度，一些资本主义国家共产党没有提出一步到位的进入社会主义社会的主张，而是提出基于资本主义框架的替代方案，以争取赢得更多社会理解和支持。在此基础上，谋求在各国内部建立一个新的经济社会和政治秩序，以促进国内社会平等，以及民族、种族和宗教团结，并确保本国免受外国干涉和压迫。同时为提高国内政治斗争发言权，不少资本主义国家共产党还提出不同形式和内容的国内统一战线建设诉求，谋求整合国内基层民众、进步社会团体及左翼政党等力量，组建广泛地反对垄断资本和右翼政府联盟。在这个方面，拉美不少国家共产党通过与本国其他左翼政党的相互联系与合作，实现了参政及政策诉求的部分立法化，促使人民利益得到更好的体现和维护。由此，拉美一些共产党成功地化解了来自本国右翼力量及西方帝国主义的干涉，努力稳住自身政治地位，并推动本国左翼政府与西方资本主义国家保持一定距离，以促进世界和平与发展。

（二）通过集体声援和支持人类进步事业，反对帝国主义压迫和战争

随着资本主义危机的加剧，国际关系中的帝国主义、法西斯主义行径日益增多，反对帝国主义压迫和战争、维护无产阶级利益和促进社会进步的任务越来越重。因而，资本主义国家共产党需要积极支持本国及其他国家人民反对战争、争取民主和正义以及抵制帝国主义国家对发展中国家内部事务的干涉，以增强进步左翼的声音并提升进步左翼的国际能见度和影响力。在一年一度的共产党和工人党国际会议上，一些资本主义国家共产党围绕巴勒斯坦、古巴、塞浦路斯、伊朗、委内瑞拉、叙利亚、也门等新老议题，或单个或集体持续发声，以反对帝国主义侵略战争，并强调将争取世界和平的斗争与争取世界社会主义的斗争密切联系。同时也围绕一些涉及世界和平与发展的重大事务以及个别国家的重大事务予以发声，以展现正义、进步的国际立场。上述声音虽然传播力度不大、影响相对有限，但也在一定范围内产生了不小的社会政治效应。如 2021 年 11 月，哈萨克斯坦社会主义运动组织 16 个国家的 18 个共产党围绕生物武器扩散危险进行在线交流，探讨联合推动禁止危险的生物实验室研究。

（三）积极参与左翼全球沟通与合作，努力影响全球左翼民众

不少资本主义国家共产党都强调思想战线的斗争，以捍卫社会主义。在传统资产阶级政党或民粹主义政党掌握政权以及西方资本主义掌握主要国际媒体和在线社交平台的情况下，资本主义国家共产党和其他进步力量需要构建多样化的跨国平台，进行深入的沟通交流，以体现存在并发挥独特作用。一方面是围绕感兴趣的议题广泛深入交流，学习借鉴彼此的经验和做法，努力形成更多的共识和行动。另一方面是形成更大的跨国社会政治影响，以推动社会思想文化等领域的逐步转变，并深入影响特定社会群体。因此，资本主义国家共产党通过两个方面的路径来强化跨国影响力。一是牵头或积极参与一些松散型的左翼论坛。在社会对抗较为突出、政治冲突较为严峻的部分地区，圣保罗论坛、世界社会论坛、北美左翼论坛、阿拉伯左翼论坛等左翼论坛和运动纷纷应运而生并起到较好的效果，支持了当地工人阶级维权及捍卫民主的权利。二是积极参与一些国际性群众组织或联合组织。尤其是发挥共产党的组织优势，积极参与世界工会联合会、世界和平理事会、国际妇女民主联合会、世界民主青年联合会等机构活动，努力推动和引导其更好地维护妇女、青年等特定群体的利益，以促进世界和平与发展。

（四）持续呼吁建立实体化的共产党国际合作机制，但目前仍踟蹰不前

一些资本主义国家共产党持续主张建立一个类似第一国际、第二国际或第三国际的共产党国际组织，以协调和统一各国共产党的行动。同时强调只有坚持马克思列宁主义，坚持无产阶级国际主义以及坚持社会主义取向的各国共产党和工人党才可以参加上述机构。这个组织需要围绕各国共产党和工人党共同关心的议题进行讨论和辩论，努力找出解决具体问题的办法，进而探索"资强社弱"困境下的左翼替代出路，乃至协调整个国际共产主义斗争。对此，部分资本主义国家共产党予以支持，认为需要推进对国际无产阶级、世界工人的集体领导，促进国际共同斗争，进而更有效地应对资本家发起的全球攻势。如巴西共产党指出，"为促进世界社会主义革命发展，需进一步提高联合行动斗争国际资本主义的本领，统筹国际工人阶级的斗争，这对推进国际共产主义运动建设非常重要"。① 部分资本主义国家共产党对此不愿评论，其中既有认为条件不成熟的原因，也有不希望打击一些国家共产党高度热情和良好愿望的考虑。部分资本主义国家共产党则公开反对，认为现在的国际环境很不友好，建设实体性、机制化的共产党国际组织脱离实际。鉴于在理念和认识等多方面的分歧，资本主义国家共产党围绕组建新的共产党国际合作组织未能达成共识，使得相关诉求仍处于呼吁阶段。

---

① Brazilian Communist Party, "The Crisis Generated by the Pandemic Evidenced the Superiority of Socialism", http://www. idcommunism. com/2022/01/brazilian - communist - party - crisis - generated-by-pandemic-evidenced-the-superiority-of-socialism. html.

第四节　总结

价值取向、政治实力、现实处境、选举压力、阶段性关注议题，以及本国对外关系等因素均影响资本主义国家共产党对国际形势的认知。其关于国际形势脉络、走向等方面的认知既有客观性也不乏主观性，体现了一种重要的国际认知视角，值得国际社会予以高度重视。

从实际情况来看，资本主义国家共产党关于国际形势的认知和立场既是一种公开表态，也是影响国际认知的舆论和价值力量。其主要针对资本主义、帝国主义、法西斯主义，助力推动世界社会主义的复兴。因而在某种意义上可以说，资本主义国家共产党反对资本主义剥削的斗争和反对帝国主义的斗争齐头并进。鉴于西方资本主义及帝国主义掌握话语优势并坚持反动的叙事，不少资本主义国家共产党重视通过各种单独或集体的发声来强化论述传播力和影响力，进而努力形成地区或全球舆论效应。其中包括：反对垄断资本对无产阶级的持续剥削以及资本主义国家政府偏袒垄断资本力量的政策举措；支持一些国家共产党及其支持者开展的正义行动，展现世界社会主义的团结和力量；反对帝国主义侵略战争，努力维护世界和平与发展等。当然也有极少数资本主义国家共产党虽然反对资本主义国际体系的不公正和不合理发展，并揭露其对国际无产阶级以及发展中国家带来的危害，但认为广泛领域的商业、经济、外交以及政治冲突属于资本主义内部或资本主义与帝国主义之间的冲突，不支持本国工人阶级参与任何一方。

多数资本主义国家共产党认识到资本主义虽然处于严重危机之中，但仍具有一定的发展空间，现阶段和未来一段时间通过革命方式打破资本主义桎梏不大现实，而只能诉诸资本主义民主框架内的议会斗争和街头斗争等方式，渐进推动资本主义国家社会政治生态发生变化。建立新的实体性和机制化共产党国际组织不现实，但持续的定期性地区和国际交流对话十分重要，这不仅有利于促进各国共产党相互了解和认知，而且有利于促进一定范围内的共产党进行地区或国际协作。尽管当前资本主义国家共产党能力相对有限，不足以在短期内改变国际秩序，但无论如何，资本主义国家共产党都坚信世界社会主义在路上，必将取得最终的胜利，上述趋势不以人的意志以及资本主义的顽固抵制而转移。

第十一章　国外学者论"非洲社会主义"

当前来看，"非洲社会主义"不仅是研究非洲历史的一个重要内容，而且也是世界社会主义研究的一个重要内容。自从 20 世纪初以来，对"非洲社会主义"的研究逐步深入，尤其是对"非洲社会主义"概念、特点、作用的评析也日益多元。主要原因是"非洲社会主义"的思想来源较为繁杂，因而对其分析和评估的角度也相对较多。鉴于冷战结束以来，非洲的社会主义经历了全面受挫、逐步恢复、小有起色等阶段，因而包括非洲政治家、学者等在内的非洲内外人士对"非洲社会主义"的历史和现实评价也在不断变化。这种变化既符合历史发展演进的特点，也符合非洲国家发展道路探索逐步深入的特点。当然，其中也有一些评价具有高度的意识形态和价值观偏见，对此应有清醒认识和客观评估。

第一节　关于何为"非洲社会主义"

对于"非洲社会主义"的定义，早在 20 世纪 60 年代就已成为一门显学。冷战结束以来国际社会的相关评价更为复杂，既有认可其存在的，也有比较其与其他社会主义异同的，还有否定其存在的。上述情况的出现并非偶然，充分反映了不同的理论认知以及价值判断。总的来看，多数国外学者认为，"非洲社会主义"在不同国家的表现有所差异，对于上述差异不能简单地加以判断，而必须科学认识其整体性和差异性，进而避免作出形而上学或错误的解释。

第一，部分国家专家学者认同"非洲社会主义"具有特殊的产生环境和土壤。这部分学者大多认为，"非洲社会主义"不同于古典社会主义，具有典型的非洲特色。如加纳大学学者德格拉夫特·约翰逊在1962 年就用比喻来形容"非洲社会主义"，他认为："原则上国家是父亲，这是社会主义的基础，也是我们的氏族或部落（实际上是拓展的大家庭）所拥有的。在我们的社会中，大家庭的集体财富用于整个家庭的福利。大家庭承担社会保障的职责，如果家庭成员负债累累，所有其他家庭成员都可以提供帮助；如果他生病了，其他家庭成员会照顾他；如果某个家庭中的一个聪明男孩，其父母负担不起教育费用，那么其他人也会帮助教育那个孩子。财产特别是土地，往往属于整个大家庭。大家庭制度存在弊端，但一旦其基本模式扩大到囊括整个国家时，它实际上就有社会主义的含义。"[①] 南非金山大学讲师保罗·里奇认为："'非洲社会主义'应该被视为非洲领导人为探索一条独特的非洲经济和政治发展道路而进行的一次本土尝试。殖民主义显然在这些国家留下了不可磨灭的印记，但现在人们认为应该回归 19 世纪末殖民主义出现之前的非洲传统价值观。"[②] 也有部分国外学者认为，"非洲社会主义"不是一个简单的概念，其始终处于发展之中，不能简单论之。如英国作家阿卜杜拉·萨姆认为："'非洲社会主义'系特定环境的产物，特别是源自没有阶级和前资本主义经济的环境。'非洲社会主义'强调群体或社区，反对'阶级斗争'的概念。但与此同时，一些非洲社会主义者自称是马克思主义者。显然，'非洲社会主义'仍处

---

① "What Is African Socialism?"，https://www.liquisearch.com/what_is_african_socialism.

② Paul Rich，"African Socialism"，https://disa.ukzn.ac.za/sites/default/files/pdf_files/BSFeb76.0036.4843.018.004.Feb1976.11.pdf.

于定义和发展过程中。"①

第二，部分国外学者认为"非洲社会主义"属于集合概念。这部分国外学者着力从"非洲社会主义"的来源进行梳理，力求探索其来源并总结归纳其应有的含义。如美国约克大学教授埃利松·安德鲁认为，"非洲社会主义"源于20世纪五六十年代欧洲殖民统治结束之时一些非洲领导人采用的社会主义学说。1962年在塞内加尔达喀尔举行的非洲领导人会议未能对"非洲社会主义"提出明确的定义或统一的愿景。塞内加尔的桑戈尔可能是第一个使用"非洲社会主义"一词的人，他认为西方和苏联的唯物主义应该被植根于非洲大陆前殖民时期的传统价值观所取代。但是塞内加尔的马马杜·迪亚则认为"非洲社会主义"是个人主义和社会主义价值观的综合，进而产生了一种符合基督教和穆斯林信仰的人文主义观点，并允许非洲脱离西方和东方进而遵循自己的发展轨迹。② 少数国外学者对于"非洲社会主义"予以一定程度的质疑。如美国加利福尼亚大学洛杉矶分校教授埃德蒙德·凯勒认为："至少自20世纪初以来，共产主义思想在非洲一直很流行，然而非洲大陆上没有任何地方实行过严格的共产主义形式。相反其实践的是混合形式的社会主义，包括一些折中的借用马克思列宁主义和毛泽东思想的形式。"③

第三，部分国外学者认为"非洲社会主义"没有新颖之处，或者与其他社会主义主张没有多大差别。这部分国外学者往往基于一些大的原则或价值来判断"非洲社会主义"，而非强调"非洲社会主义"的特殊之处。如美国纽约州立大学布洛克波特分校副教授安吉拉·汤普赛尔认为："尽管'非洲社会主义'在许多方面与欧洲社会主义不

---

① Abdullah Sam, "What Is African Socialism in Most African Countries", https://notesread. com/african-socialism/.

② Allison Drew, "African Socialism", https://www. britannica. com/topic/African-socialism.

③ Edmond J. Keller, "Communism, Marxist-Leninism, and Socialism in Africa", https:// www. oxfordbibliographies. com/display/document/obo-9780199846733/obo-9780199846733-0193. xml.

同, 抑或与马克思主义、社会主义不同, 但它本质上仍然是试图通过控制生产资料来解决社会和经济不平等。""在独立后不久建立的非洲社会主义政权领导人如塞内加尔和坦桑尼亚的领导人, 并没有复制马克思列宁主义思想。相反, 他们发展了新的非洲版本社会主义, 支持一些传统结构, 同时宣称他们的社会是而且一直是无阶级的。""非洲的科学社会主义对宗教更加容忍, 非洲经济的农业基础意味着科学社会主义政策不可能与'非洲社会主义'有多大区别。"① 坦桑尼亚政治家阿卜杜勒·巴布还指出, "非洲社会主义者与其他非洲领导人一样, 奉行以出口为导向的战略, 这使得非洲长期依赖外国投资和外国援助"。②

第四, 部分国外学者认为"非洲社会主义"与社会主义本身关系不大, 其实际上反映了非洲新独立国家对自身发展模式的探索。这部分学者往往基于非洲新独立国家的发展探索来界定其理论和道路探索。如哈佛大学教授伊曼努尔·阿克扬蓬认为: "为了实现经济自力更生, 非洲民族主义者创造了'非洲社会主义'一词, 这对其拥护者来说这似乎有着不同的含义。即'非洲社会主义'的根源是寻求本土经济发展模式, 只是在提出的时间上和规模上都具有革命性。'非洲社会主义'的侧重点各不相同, 倡导者或许回应了每个新生国家面临的独特挑战。"③

---

① Angela Thompsell, "Socialism in Africa and African Socialism", https://www. thoughtco. com/socialism-in-africa-and-african-socialism-4031311.

② Allison Drew, "African Socialism", https://www. britannica. com/topic/African-socialism.

③ Emmanuel Akyeampong, "African Socialism; or, the Search for an Indigenous Model of Economic Development?", https://www. aehnetwork. org/wp-content/uploads/2017/11/AEHN-WP-36. pdf#:~:text=Ralph%20Austen%20in%20African%20Economic%20History%20%281987%29%20noted,worth%20revisiting%2C%20devoid%20of%20the%20paradigm%20of%20socialism.

第二节 关于"非洲社会主义"的特点

自从"非洲社会主义"被提出后，非洲内外的政治家、学者等对"非洲社会主义"的独特性及具体特征进行了多方面的研究和探索，并得出了较为深刻的认识。总体来看，国外学者对"非洲社会主义"的特点评价较为全面。

就非洲国家来看，非洲政治家、学者等往往基于非洲独特的历史文化和道德角度等探索"非洲社会主义"的独特性，强调"非洲社会主义"在汲取国外思想理论基础上完善发展，进而形成了非洲本土的社会主义。如肯尼亚政治家汤姆·姆博亚早在 20 世纪 60 年代初就指出："尽管非洲在 20 世纪 60 年代初推翻西方殖民主义，并努力消除殖民遗留问题，也就是新殖民主义。但还有一场战争要加以应对，即抵抗知识殖民主义。这场战争在非洲国家争取经济独立的同时发生，现在也必须打响。""我认为'非洲社会主义'就是多年来被非洲社会证明的行之有效的规范，倡导对人的尊重并给予他们安全保障。非洲思想和全球理念认为人不是社会的工具，而是社会的组成部分和独立存在。"① 加纳政治活动家科菲·巴塔萨 1965 年表示："'非洲社会主义'具有六个基本特征，其中包括降低垄断资本的力量、接受混合经济是社会主义的永久特征、否认非洲阶级的存在并推进中立国家的思想、主张在可能的情况下实行多党制或者成立一个向所有人（无论信仰如何）开放的单一政党（明确否认任何先锋角色）、对非洲传统道德和文化的浪漫解释、积极的不结盟政策被视为中立。"② 对于如何把握"非洲社会主义"的特点，有的非洲学者认为必须认真阅读非洲社会主义者的原著，进而提升认知的全面性和客观性。如塞内加尔托马斯·

① Tom Mboya,"African Socialism",https://www.jstor.org/stable/2934729.

② Chris Mugo Ndirangu, "African Socialism: Analysis of Ujamaa", https://www.ukessays.com/essays/politics/african-socialism-analysis-ujamaa-6496.php#:~:text=Furthermore%20%28Batsa%2C%201965%29%20has%20summarised%20some%20six%20basic, the%20idea%20of%20the%20neutral%20state.%20It%20.

桑卡拉非洲解放和团结中心创始人伊内姆·理查森指出："很明显，我不赞同非洲中心主义或非洲文化民族主义，也不相信某些人所说的'非洲社会主义'的存在。我认为革命的泛非主义非洲解放以及科学社会主义是普遍的，属于所有人。我的论点不是我们应该停止阅读卡尔·马克思的书籍，而是要阅读我们能够得到的任何东西。当然，没有理由将卡尔·马克思看作社会主义的发明者或者全部，进而忽视那些领导了成功的社会主义革命的殖民地人民，或者将他们的作品归入补充阅读的范畴。"①

　　就非洲以外资本主义国家来看，多数学者往往从资本主义价值、社会主义功能等角度来解读"非洲社会主义"的特征。如纽克大学荣誉教授艾莉森·德鲁认为，随着非洲国家相继获得独立，反殖民的民族主义难以再发挥团结和动员作用。"非洲社会主义"成为将非洲人团结起来应对后殖民社会经济发展挑战的动员口号。基于社群的非洲前殖民社会和私有财产传统的缺失似乎证明了非洲本土社会主义道路的存在是合理的，这条道路也似乎提供了西方资本主义和苏联共产主义之间的第三条道路。"非洲社会主义"应该与践行马克思列宁主义原则的非洲相互区别，后者发展为广为人知的"非洲共产主义"且突出阶级斗争以及与苏联集团的更紧密结盟。② 纽约大学研究人员詹姆斯·麦凯恩通过民调的方式来调查非洲对社会主义的认知，进而形成了对"非洲社会主义"的独特认知。麦凯恩在 2014 年剑桥大学出版社出版的《非洲的意识形态：一些感知类型》一书通过对 53 名非洲人的调查，认识到非洲人对"非洲社会主义"的认知基本立足于三个方面，分别为实用主义立场、科学立场和国际主义立场。持上述三个方面立场的受访者大多认为坦桑尼亚总统尼雷尔是理想的"非洲社会主义"

---

① Inem Richardson, "Africans Must Recognize the Difference Between Marxism and Scientific Socialism", https://hoodcommunist. org/2020/12/10/africans - must - recognize - the - difference - between-marxism-and-scientific-socialism/.

② Allison Drew, "African Socialism", https://www. britannica. com/topic/African-socialism.

领导者。麦凯恩由此推论尼雷尔是不同意识形态信仰的浓缩象征。[1]

第三节　关于如何看待"非洲社会主义"

尽管非洲已经不存在社会主义国家，但是社会主义思想流派、哲学价值等仍在非洲有着一定的市场，尤其是不少进步左翼人士仍然在传播社会主义思想并争取推动本国社会主义发展。从非洲大陆来看，不少非洲国家虽然实行资本主义制度，但是也不排斥社会主义思想，只是基于非洲发展历史及非洲未来发展走向，不少非洲内外人士对于"非洲社会主义"仍有着不同的评价。当然，上述评价往往有着特定的历史视角、思想渊源和价值基础。对此应有清醒的认识，而不能简单地加以认知和批判。

一方面，不少国外学者认为"非洲社会主义"虽然最终失败了，但是其历史作用及现实影响不容低估。这突出表现在一些持客观立场或进步左翼立场的人士，其往往立足当时的非洲国家情况，公正评价"非洲社会主义"的历史进步性及其现实历史遗产；强调现在是给予非洲在全球社会主义史学中应有的地位和社会主义在非洲历史地位的时候了。尤其是尽管许多非洲国家宣称"非洲社会主义"或科学社会主义，但是许多非洲政治行为体也使用了马克思主义传统理论工具箱，它无疑为殖民地人口的政治进步和后殖民国家的建设提供了支持。如恩克鲁玛早在20世纪50年代初指出："社会主义是泛非主义的一个重要方面，两者可以形成一种意识形态。泛非主义的基本原则和宗旨可以通过社会主义来实现，而泛非主义对非洲黑人的政治解放和团结至关重要。可以说，社会主义对非洲的经济解放至关重要。"[2] 南非学者

---

[1]　James A. McCain, "Ideology in Africa: Some Perceptual Types", https://www. cambridge. org/core/journals/african-studies-review/article/abs/ideology-in-africa-some-perceptual-types/D5949AEC0D0A2CEB273B97ABAFF22E36.

[2]　Micah S. Tsomondo, "From Pan-Africanism to Socialism: The Modernization of an African Liberation Ideology", https://www. jstor. org/stable/pdf/1166523. pdf? ab_segments=.

汉斯·科亨 1971 年指出："'非洲社会主义'为许多年轻而又缺乏经验的非洲国家解决具体问题作出了巨大贡献。这些非洲国家被推入到一个先进的国际经济、社会和政治体系，它们希望可以契合整个国际体系，但有时这些非洲国家无疑也缺乏这样的发展水平。""'非洲社会主义'已被接受为民族解放，意味着它作为经济发展的工具，不会被共产主义取代。"① 喀麦隆学者阿久梅·温戈认为："作为早期后殖民时代非洲精神的一部分，'非洲社会主义'的传统和原则对非洲人如何看待和塑造他们的世界产生深远影响。了解非洲社会主义的核心原则有助于解释非洲人对马克思主义、社会主义和资本主义的反应，以及阐明非洲独特的社群主义、哲学、唯美主义和政治完美主义传统。"② 津巴布韦青年学者塔库兹瓦·奇万扎认为："社会主义在非洲的出现和发展，是非洲意图探索促进非洲经济增长的新集结点。非洲民族主义已经将人们团结在一起并支持了非洲独立事业，而'非洲社会主义'则成为经济繁荣的新意识形态。它是西方资本主义和苏联共产主义之间的中间地带，但是随着时间的推移，'非洲社会主义'的低效率和漏洞变得明显。很明显，意识形态的预期目的未能给非洲大陆带来全面的经济成功。"③ 此外，还有部分非洲国家学者强调要重视"非洲社会主义"对非洲国家民主建设的积极影响，认为这对冷战后的非洲国家左翼发展有着一定的促进作用。

　　另一方面，部分非洲内外政治家、学者及其他人士认为"非洲社会主义"不仅背叛了非洲人民，而且也是失败的，进而给非洲国家带来一定的灾难。在冷战期间，上述表态意味着要求非洲社会主义国家

---

① Hans Cohn, "African Socialism-Success or Failure", https://link. springer. com/article/10. 1007/BF02926253.

② Ajume H. Wingo, "Philosophical Perspectives on the History of African Socialism", https:// oxfordre. com/africanhistory/display/10. 1093/acrefore/9780190277734. 001. 0001/acrefore - 9. 780190277734-e-297;jsessionid=4C4A6538CB3EC7481958332E1ABC6355.

③ Takudzwa Hillary Chiwanza, "Here Is Why Socialism Failed in Africa", https://www. africanexponent. com/post/7726-here-is-why-socialism-failed-in-africa.

改制，而在冷战结束后则表现为推动非洲国家效仿西方资本主义制度以及通过污损"非洲社会主义"来阐释非洲国家走资本主义道路的必要性。这种言论在部分非洲国家较为盛行，乃至成为打击共产党以及否定社会主义的重要思想主张。如加纳学者乔治·阿伊泰极力倡导自由市场和法治，谋求为非洲发展提出自己的见解。他认为，所有这些都证明，没有人能够基于非洲传统捍卫社会主义。当非洲各国政府将作为外来意识形态的社会主义强加于各自国家时，其只是巩固了国家经济和政治权力。多年来，这导致一些非洲国家成为"吸血鬼国家"。① 尼日利亚记者大卫·亨德因认为："'非洲社会主义'是一个早已消亡和不可信的想法，尼日利亚和整个非洲大陆40年的痛苦历史已经证明了这一点。""'非洲社会主义'已经死亡，但是尼日利亚并非如此。""政府需要做的就是进行自我设限，并让人民来管理国家以及发展经济。"② 也有西方学者持有偏见地认为，必须摆脱"非洲社会主义"的影响，其主要理由是从非统发展到非盟后，"非洲社会主义"就不应该再困扰非洲大陆的建设，而应大力推行新自由主义。非统由恩克鲁玛、尼雷尔和其他几位社会主义领导人于1963年成立。该组织的创始成员认为，只有拒绝资本主义制度并团结在社会主义背后以及与全球经济脱节，非洲大陆才有可能实现繁荣。因此，非统以"非洲社会主义"哲学为指导。就此，有学者认为，社会主义将继续困扰非洲大陆的某些地区，但很明显在非盟55个成员国中54个的支持下，自由主义思想开始在世界上最贫穷的大陆获得发展动力。③

此外，部分非洲左翼进步人士尽管认为"非洲社会主义"在历史

---

① Foundation for Economic Education, "Betrayal: Why Socialism Failed in Africa", https://fee. org/resources/betrayal-why-socialism-failed-in-africa/.

② David Hundeyin, "African Socialism: The Bad Dream Nigeria Can't Seem to Wake Up from", https://businessday. ng/columnist/article/african-socialism-the-bad-dream-nigeria-cant-seem-to-wake-up-from/.

③ Alexander Hammond, "Good Riddance to 'African Socialism'", https://iea. org. uk/good-riddance-to-african-socialism/.

上遭遇过一些挫折，但是并不认为社会主义在非洲没有市场了，反而认为新一代非洲青年要继续致力于社会主义建设。如马里青年学者库利巴利·雅库巴和贝尔科·沃洛格梅认为："关于社会主义仍然有一个真理存在，即它是非洲复兴的源泉。尽管第一波社会主义失败了，但社会主义仍然是非洲人民走向真正独立所需的路径。新社会主义应该是非洲领导人前进的政治指引。非洲新一代应该吸取社会主义失败的教训，并赋予新社会主义力量。要做到这一点，必须自上而下地制定和发展信息战略。"[1]

---

[1] Yacouba Coulibaly and Belko Wologueme, "From the Failure of African Socialism, How to Set a New Trend for a New Generation?", https://www. researchgate. net/publication/322858324_From_the_Failure_of_African_Socialism_How_to_Set_a_New_Trend_for_a_New_Generation.

主要参考文献

1. 奥塔韦 D, 奥塔韦 M. 非洲共产主义[M]. 北京：东方出版社, 1986.

2. 程光德, 聂运麟. 种族主义制度废除后南非共产党对社会主义的新探索[M]. 北京：中国社会科学出版社, 2013.

3. 黄继锋. 马克思主义发展史：第八卷：马克思主义在非社会主义国家的传播与发展：1923 年以来[M]. 北京：人民出版社, 2022.

4. 汤普森. 非洲政治导论[M]. 北京：民主与建设出版社, 2015.

5. 唐大盾, 张士智, 汤平山, 等. 非洲社会主义：历史·理论·实践[M]. 北京：中国社会科学出版社, 2007.

6. ALEXANDER A. Revolution is the choice of the people: crisis and revolt in the Middle East & North Africa[M], Bookmarks Publications, 2022.

7. BABU A M. African socialism or socialist Africa[M]. Zimbabwe Pub House, 1985.

8. COHEN R. Democracy and socialism in Africa[EB/OL] (2019-05) [2023-09-16]. DOI:10.4324/9780429045660.

9. FRIEDLAND H W, ROSBERG C G. African socialism paperback[M]. Redwood: Stanford University Press, 1967.

10. Hunter E. African socialism from southern trajectories[M]. Cambridge: Cambridge University Press, 2022.

11. KELLER E J. Communism, marxist – leninism, and socialism in Africa [EB/OL]. (2017 – 10 – 25) [2023 – 10 – 21]. DOI:10. 1093/OBO/978019984 6733–0193.

12. SENGHOR L S. On African socialism[M]. New York:Praeger, 1964.

后　记

　　本书撰写源自北京第二外国语学院区域国别研究院加强区域研究的需要。在撰写过程中，作者征求业内专家意见，力求既全面系统反映 21 世纪以来非洲国家共产党的新探索新发展，又有重点地梳理部分国家共产党的新探索新发展，进而展现非洲国家共产党 21 世纪以来的新面貌新处境。对非洲国家共产党 21 世纪以来新探索新发展的整理既坚持科学性，又把握一定的政治性，进而努力体现学术性和政治性的结合。北京第二外国语学院区域国别研究院的很多同事及我的家人为本书的撰写提供了大量的智力、人力和精神支持。出版社的有关编辑同志也为本书的编辑、校对、印刷等工作作出了辛勤的努力。没有大家的全力支持和鼓励，本书难以很好地完成。

　　囿于著者的专业水平、认识水平及研究能力，书稿谬误之处难免，欢迎、感谢读者批评指正。

图书在版编目（CIP）数据

21世纪非洲国家共产党社会主义新探索新发展／石晓虎著. -- 北京：当代世界出版社，2025. 2. -- ISBN 978-7-5090-1850-7

Ⅰ. D740.21

中国国家版本馆CIP数据核字第2024EA8119号

书　　　名：21世纪非洲国家共产党社会主义新探索新发展
作　　　者：石晓虎 著
出 品 人：李双伍
策划编辑：刘娟娟
责任编辑：刘娟娟　杨啸杰
出版发行：当代世界出版社
地　　　址：北京市东城区地安门东大街70-9号
邮　　　编：100009
邮　　　箱：ddsjchubanshe@163.com
编务电话：(010) 83907528
　　　　　　(010) 83908410 转 804
发行电话：(010) 83908410 转 812
传　　　真：(010) 83908410 转 806
经　　　销：新华书店
印　　　刷：北京新华印刷有限公司
开　　　本：710毫米×1000毫米　1/16
印　　　张：10.5
字　　　数：141千字
版　　　次：2025年2月第1版
印　　　次：2025年2月第1次
书　　　号：ISBN 978-7-5090-1850-7
定　　　价：79.00元